희귀한 우리아이 관찰력을 키워주는

동물백과

KB192144

추천, 감수 · 한국동물학회

한국동물학회는 1957년 11월에 창립되었으며, 그 모체가 된 것은 이미 1945년 국내에서 처음 창립된 조선생물학회입니다.
당시 국내의 동물학자들이 동물학의 교류와 발전을 위해 만들었으며 올해로 창립 50주년을 맞는 뿌리 깊은 학회입니다.
현재 800여 명의 회원이 대한민국의 생물학계를 선도하며 동물학 연구와 교육의 발전에 매진하고 있습니다.
자세한 정보는 한국동물학회 웹사이트(http://www.zsk.or.kr)에서 찾아볼 수 있습니다.

지음 · 정재은

출판 편집과 방송 작가 등 여러 직업을 통해 얻은 경험을 바탕으로 어린이 작가로 활동 중입니다. 그동안 지은 책으로는
《세상에서 가장 재밌는 세계 명작 동화》《세상에서 가장 행복한 예쁜 공주 이야기》《우리 아이 과학 영재로 키우는 호기심백과》
《우리 아이 궁금증을 풀어 주는 신비한 인체백과》, 〈스토리텔링 수학〉 시리즈의 《마술 수학》《요리 수학》《미로 수학》
《캠핑 수학》《게임 수학》《불가사의 수학》《스파이 수학》《바이킹 수학》《로봇 수학》《드론 수학》 등이 있습니다.

2025년 1월 20일 개정판 11쇄 펴냄

감수 · 한국동물학회
지음 · 정재은
사진 제공 · (주)유로포토서비스, 부산아쿠아리움, 코엑스 아쿠아리움
　　　　　　　Animals Animals, Biosphoto, NaturePL, Photopark.com

펴낸이 · 이성호
펴낸곳 · (주)글송이

편집/디자인 · 임주용, 최영미, 오영인, 이강숙, 김시연
마케팅 · 이성갑, 윤정명, 이현정, 문현곤, 이동준
경영지원 · 최진수, 이인석, 진승현

출판 등록 · 2012년 8월 8일 제2012-000169호
주소 · 서울시 서초구 능안말1길 1 (내곡동)
전화 · 578-1560~1 **팩스** · 578-1562
홈페이지 · www.gsibook.com

ⓒ글송이, 2015

ISBN 979-11-7018-136-1 74400
　　　979-11-86472-78-1 (세트)

희귀한 우리아이 **관찰력**을 키워 주는

동물백과

한국동물학회 **감수. 정재은** 지음

글송이

미래 동물학자에게 권하는 참으로 튼실한 책!

올해로 창립 50주년을 맞이한 한국동물학회는 학회사업의 일환으로
출판사업을 활발히 진행하고 있습니다. 이를 통해 동물학에 대한
국민들의 이해를 넓히고 동물학을 공부하고자 하는 학생들에게
등대의 역할을 하고자 합니다.

생물학의 출발은 자연에 대한 관심과 관찰에서 시작됩니다. 특히 자연에서
인간과 함께 살아 움직이는 동물은 어린이들의 호기심을 자아내는
첫 친구들입니다. 이런 면에서 볼 때《우리 아이 관찰력을 키워 주는
희귀한 동물백과》는 어린이 여러분의 호기심에 눈높이를 맞춘 제대로 된
과학서입니다. 올바른 지식에 기초를 두고 신기한 동물들에 대한
어린이들의 호기심에 답을 줄 수 있는 이 책의 감수를 우리 학회에서
맡게 되어 기쁘게 생각합니다. 무엇보다 친히 감수를 맡아 주신
박은호 교수님, 그리고 학회출판사업에 도움을 주신 안주홍 출판위원장님께
감사드립니다.

한국동물학회 회장
서울대학교 자연과학대학 생명과학부 교수 안태인

머리말

어린이가 처음 만나는 신기한 동물의 세계!

초롱초롱한 여러분의 눈에 비친 신기한 동물들, '우와! 이런 동물들도
있네!'라는 감탄을 자아내는 희귀한 동물들, 이 책을 엄마 아빠와 함께
읽는 여러분을 상상하는 것은 큰 기쁨입니다.

이 책의 내용은 동물학을 전공하신 분들이 한국동물학회 이름으로
감수하고 추천하는 좋은 책임을 확인시켜드리고 싶습니다.

또한 어린이 여러분이 이 책을 읽으면서 갖게 되는 궁금한 점들을 풀고
더 자세한 내용을 묻고 확인할 수 있도록, 한국동물학회에서는
웹사이트를 통해 여러분과 만나는 장을 마련하였습니다.

동물학 연구와 후진 양성으로 바쁘신 가운데, 이 책의 내용을
꼼꼼히 검토하여 주신 존경하는 박은호 교수님께 깊이 감사드립니다.

교수님의 손길이 곳곳에 닿아, 이 책이 어린이를 위한 알차고 바른
동물 길잡이 책으로 거듭 태어났다고 자부합니다.

한국동물학회 출판위원장
한양대학교 자연과학대학 생명과학과 교수 안주홍

차례

1장 궁금궁금! 재밌는 동물 호기심 · 13

동물은 어디에서 살아요? · 14

동물도 집이 있어요? · 16

동물은 어떻게 이야기해요? · 18

사람과 동물도 말이 통할까요? · 20

사람을 닮은 동물도 있나요? · 22

알을 낳는 동물은 누구일까요? · 24

새끼를 낳는 동물은 누구일까요? · 26

동물은 왜 겨울잠을 자나요? · 28

몸의 온도가 변하는 동물이 있어요? · 30

북극곰은 어떻게 추위를 견딜까요? · 32

펭귄은 왜 날지 못해요? · 34

새는 어떻게 하늘을 날아요? · 36

동물은 어떻게 숨을 쉬나요? · 38

초식동물과 육식동물 중 누가 더 커요? · 40

철새는 왜 멀리 이사를 갈까요? · 42

개구리는 왜 큰 소리로 울어요? · 44

먹이를 저장하는 동물도 있나요? · 46

먹이사슬이 뭐예요? · 48

박쥐는 새일까요, 쥐일까요? · 50

2장 신기신기! 처음 보는 희귀한 동물 · 53

날아다니는 다람쥐가 있나요? · 54

날아다니는 뱀도 있어요? · 56

두더지는 땅속에서만 살아요? · 58

갑옷 입은 동물이 있을까요? · 60

낚시를 하는 물고기도 있어요? · 62

제일 게으른 동물은 누구일까요? · 64

물 위를 걷는 동물도 있어요? · 66

분홍빛 돌고래도 있나요? · 68

불가사리는 다 별 모양이에요? · 70

인어공주가 정말 있을까요? · 72

몸이 투명한 물고기도 있어요? · 74

꼬리가 없는 물고기가 있어요? · 76

웃는 도롱뇽은 어디에서 살아요? · 78

도마뱀과 도롱뇽은 어떻게 달라요? · 80

물개와 물범은 똑같이 생겼어요? · 82

투구게가 공룡보다 더 오래전에 생겨났나요? · 84

가장 빠른 물고기는 누구일까요? · 86

판다는 곰이에요? · 88

너구리만큼 작은 판다도 있어요? · 90

해마는 아빠가 새끼를 낳나요? · 92

오리너구리는 오리일까요, 너구리일까요? · 94

날개가 없는 새도 있어요? · 96

악어처럼 생긴 거북이 있나요? · 98

사람 손보다 작은 원숭이가 있어요? · 100

황금 원숭이가 있을까요? · 102

산호는 식물이에요, 동물이에요? · 104

크리스마스섬의 붉은게들은 왜 바닷가로 갈까요? · 106

깃털이 난 뱀도 있어요? · 108

3장 깜짝깜짝! 놀랍고 신비한 동물 · 111

죽은 척하는 동물이 있어요? · 112

카멜레온은 왜 몸 색깔을 바꿀까요? · 114

목도리도마뱀은 목도리를 어디에 써요? · 116

잘린 몸이 다시 자라나는 동물이 있나요? · 118

세상에서 가장 큰 뱀은 뭐예요? · 120

아기 코알라는 왜 엄마 똥을 먹을까요? · 122

하마는 왜 종일 물속에 있나요? · 124

서로 돕는 동물은 누구예요? · 126

올빼미와 부엉이는 어떻게 달라요? · 128

낙타 혹에는 무엇이 들어 있어요? · 130

새끼 캥거루는 어디에서 자라요? · 132

납작뿔도마뱀의 가시는 무슨 일을 해요? · 134

최고의 엄마 동물은 누구일까요? · 136

최고의 아빠 동물은 누구예요? · 138

차례

젖을 먹이는 새도 있나요? · 140

물을 먹지 않는 동물이 있어요? · 142

누가 가장 빨리 달리나요? · 144

표범과 치타는 어떻게 달라요? · 146

달팽이는 왜 껍데기가 있을까요? · 148

바다풀처럼 생긴 물고기가 있어요? · 150

가장 오래 사는 동물은 누구일까요? · 152

가장 큰 동물은 누구예요? · 154

아프리카코끼리와 아시아코끼리는 달라요? · 156

게는 모두 옆으로 걷나요? · 158

백상아리의 이빨은 몇 개예요? · 160

4장 오싹오싹! 독이 있고 무서운 동물 · 163

모든 뱀은 다 독이 있나요? · 164

독사를 잡아먹는 동물도 있어요? · 166

독화살개구리는 화살처럼 생겼나요? · 168

바다에서 가장 위험한 동물은 누구예요? · 170

세상에서 가장 큰 독거미는 누구일까요? · 172

물속에도 거미가 살까요? · 174

사람보다 더 큰 조개도 있나요? · 176

작고 예쁜 갯민숭달팽이가 왜 위험해요? · 178

흡혈박쥐는 사람 피도 빨아 먹을까요? · 180

독이 있는 문어가 정말 있어요? · 182

산미치광이는 어떤 동물이에요? · 184

스컹크는 고약한 방귀를 왜 뀌나요? · 186

가시복은 왜 몸을 부풀릴까요? · 188

바다에도 고슴도치가 살아요? · 190

전갈이 왜 사막의 무법자예요? · 192

코모도왕도마뱀은 얼마나 커요? · 194

악어의 조상이 공룡과 친구였어요? · 196

식인상어가 정말 있나요? · 198

Animal ①
궁금궁금! 재밌는
동물 호기심

동물은 어디에서 살아요?

동물들은 지구의 거의 모든 곳에 살고 있어요.
따뜻한 초원에는 사자와 기린이 살고,
넓은 바다에는 고래와 상어가
살아요. 황량한 사막에는
사막여우와 전갈이 살고, 꽁꽁 추운
남극에도 펭귄이 살고 있어요. 깊고
깊은 바닷속, 껌껌한 동굴 속에도
동물들이 살고 있어요. 동물들은 환경에 맞게 몸을 바꿔서
사람이 살기 어려운 험한 환경에서도 살고 있어요.

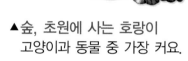

▲숲, 초원에 사는 호랑이
고양이과 동물 중 가장 커요.

▼남극에 사는 펭귄
　날개가 있는 조류이지만 날지는 못해요.

▼바다에 사는 돌고래
　물고기가 아니라 포유류라서 우리와 같이
　폐로 숨을 쉬어요.

▲사막에서 살 수 있도록 태어난 낙타 두꺼운 털 가죽 덕분에 사막의 더위와 추위에도 끄떡없어요.

▼초원에 사는 기린 동물 중 키가 가장 큰 기린은 키가 큰 나무의 잎을 먹고 살아요.

동물도 집이 있어요?

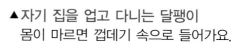

판다는 따로 집을 짓지 않아요.
잠을 잘 때는 주로 나무 위에서
자지요. 하지만 어떤 동물들은
아늑한 집을 지어요.

▲자기 집을 업고 다니는 달팽이
몸이 마르면 껍데기 속으로 들어가요.

비버는 나뭇가지를 모아 댐을 만들고, 거기에 집을 지어요.
노란배마멋은 풀이 우거져 있는 곳에 굴을 파 집을 짓지요.
또 거미는 튼튼한 실로 집을 짓는답니다.
이 밖에도 달팽이처럼 등에 껍데기로 된 집을 업고 다니는
동물도 있고, 토끼 굴이나 오소리 굴 같은 남이 지은 집을
빼앗는 얌체 여우도 있답니다.

▲ **붉은새매의 둥지** 밤나무, 소나무, 오리나무 등의
나뭇가지에 둥지를 틀어요.

▲ **실뜨기 선수, 거미** 먹이를 잡거나
알을 낳기 위해 거미줄을 뽑아 내요.

▲집짓기의 명수, 비버 지름 5~20cm의 나무도 튼튼한 앞니로 갉아서 가볍게 넘어뜨릴 수 있어요.

▲정육각형 집을 짓는 꿀벌 꿀을 모으는 일벌들은 꿀을 발견하면 집에 돌아와 춤을 춰서 다른 벌들에게 꿀이 있는 곳을 알려 줘요.

▲영리한 노란배마멋 출입문과 비상문을 따로 만들어 위험할 때 비상문으로 도망쳐요.

동물은 어떻게 이야기해요?

뻐꾹뻐꾹, 개골개골, 야옹야옹…….
동물들이 이야기하는 소리예요.
하마는 친구를 부르느라 큰 소리로
울부짖고, 방울뱀은 차랑차랑 방울
소리로 "나 여기 있어." 하고 말해요.
어떤 동물들은 소리 대신 몸짓으로

▲방울 소리 내는 방울뱀
주위를 경계할 때에는 꼬리를
흔들어 방울 소리를 내요.

말해요. 공작 수컷은 화려한 꽁지 털을 펼쳐 암컷들에게 말을
걸고, 전기뱀장어는 찌릿찌릿 전기로 이야기를 해요.
유럽굴토끼는 쿵쿵쿵, 발을 굴러 위험을 알려요. 그래서
동물들이 많이 사는 초원이나 숲은 늘 시끌시끌하답니다.

▼울부짖는 하마 물속에서도
이야기를 할 수 있어요.

▼ 암컷을 유혹하는 인도공작 수컷
번식기가 되면 수컷은 장식깃을 활짝 펴서 암컷을 유혹해요.

사람과 동물도 말이 통할까요?

앵무새는 사람처럼 말해요. 하지만
사람과 말이 통하는 것은 아니에요.
그저 사람 말소리를 따라하는
흉내쟁이예요. 사람과 말이 가장 잘
통하는 동물은 돌고래예요. 돌고래는
기억력이 좋고, 사람을 잘 따라요.
그래서 훈련시키면 꽤 많은 말을
알아듣지요. 침팬지도 사람과 이야기를
할 수 있어요. 어떤 침팬지는
30여 개의 손짓을 배워 사람과
말을 나눈다고 해요.

▲가장 영리한 양몰이 개,
보더콜리 훈련을 받으면
사람의 말을 200여 가지나
알아들을 수 있어요.

▼꼬리가 긴 일본원숭이 영리한
원숭이도 훈련을 받으면 사람과
간단한 이야기를 할 수 있어요.

▼복잡한 인사도 할 줄 아는 침팬지
무리의 우두머리에게 고개 숙여 인사를 해요.

▶금강앵무
남아메리카 앵무새 중
가장 크고 꼬리도 길어요.

▲초음파를 이용하는 돌고래 머리에 있는 특별한 곳에서 초음파를 내보내 먹이를
찾거나 친구들과 이야기해요.

사람을 닮은 동물도 있나요?

사람과 가장 닮은 동물은 유인원이에요.
유인원에는 침팬지, 보노보, 고릴라,
오랑우탄 등이 있어요. 유인원은 사람처럼
꼬리가 없고, 머리가 좋아서 도구도 제법
사용해요. 다른 동물들에 비해 손을 아주
잘 써요. 사람처럼 두 발로 걸을 수도
있지요. 유인원의 유전자가 사람과 매우
비슷하기 때문이에요. 유인원은 아시아와
아프리카의 따뜻한 곳에 살아요.

▲ 사람과 닮은 오랑우탄
잠을 잘 때도 나무에서 자며,
땅에 잘 내려오지 않아요.

▲ 유인원과 닮은 원숭이 원숭이는 꼬리가
있지만, 유인원은 꼬리가 없어요.

▲ 엉덩이를 맞대며 인사하는 보노보 침팬지와
함께 사람과 가장 많이 닮은 유인원이에요.

▼가장 몸집이 큰 유인원,
고릴라
침팬지, 보노보 다음으로
사람과 많이 닮았어요.
나뭇잎을 주로 먹는
온순한 초식동물이에요.

23

알을 낳는 동물은 누구일까요?

동글동글하게 생긴 알을 보고
엄마를 맞혀 볼까요? 동물박사가
아니라면 알만 보고 엄마를 맞추기는
힘들어요. 알은 엄마와 하나도 닮지
않았으니까요.
새, 물고기, 뱀, 개구리, 악어, 거북
따위의 동물들은 알을 낳아요.
알을 낳는 동물들은 직접 알을 품기도
하고, 땅에 묻기도 하고, 풀 속에 숨겨
두기도 해요. 시간이 지나면 커다랗고
단단한 흰 알에서는 타조가 나오고,
까만 점이 있는 작고 투명한 알에서 올챙이가 나오고,
길쭉하고 물렁한 알에서 코브라가
나온답니다.

▲ 살아 있는 새 중 가장
큰 알을 낳는 타조
타조는 한번에 6~8개의
알을 낳아요.

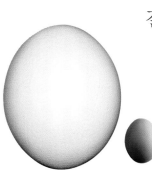

◀타조알과 달걀
타조알 1개의 크기는 달걀
약 25개와 비슷해요.

▲새끼 코브라 새끼 뱀은 윗입술 위에 있는 날카로운 이빨로 알을 깨고 나와요.

▼새끼 솜털오리 엄마가 부리로 자신의 솜털을 뽑아 풀과 섞어서 따뜻한 이불을 만들어 줘요.

새끼를 낳는 동물은 누구일까요?

갓 태어난 아기는 엄마와 참 많이 닮았어요. 갓 태어난 새끼 돼지도 엄마와 참 많이 닮았어요.
사람과 돼지는 자기와 닮은 새끼를 낳는 동물이니까요.
새끼를 낳는 동물로는 사람과

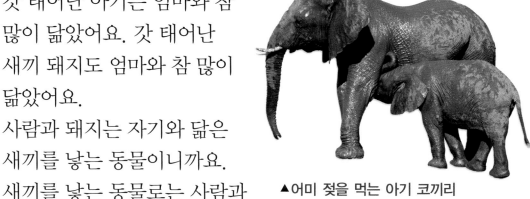

▲어미 젖을 먹는 아기 코끼리

돼지 말고도 코끼리, 소, 호랑이, 오랑우탄, 바다사자, 고래 등이 있어요.
새끼를 낳는 동물들은 새끼에게 젖을 먹여 키워요. 그래서 포유류라고 부르지요. 포유류는 몸이 따뜻하고, 대부분 피부에 털이 나 있어요.

▲어미 젖을 먹고 있는 아기 돼지들

▲작은 영양, **톰슨가젤** 머리에 하프처럼 휜 긴 뿔이 나 있어요. 한 배에 1마리 새끼를 낳아요.

▼고마운 포유동물, **소** 한 번에 1~2마리 새끼를 낳아요. 사람에게 고기와 우유, 가죽, 뿔을 줘요.

27

동물은 왜 겨울잠을 자나요?

곰이나 개구리는 따뜻한 땅속에 들어가 겨울잠을 잔답니다.
뱀, 다람쥐, 박쥐도 겨울잠을 자요.
겨울잠을 자는 동물들은 겨울이 오기 전에 아주 많이
먹어요. 잠을 자는 동안 아무것도 먹지 못하니까요.
그래서 배가 고프거나 굶어 죽지 않아요.
겨울잠을 자는 동안 몸에 모아 둔 영양분을 아껴 쓰거든요.
체온을 내리고, 숨을 느리게 쉬고, 심장도 천천히
뛰게 하지요.

▲다람쥐 땅속이나 바위 구멍에서 겨울잠을 자요. 반수면 상태로 얕은 잠을 자다가 깨면 모아 둔 먹이를 꺼내 먹어요.

▲달팽이 낙엽이나 돌 속에서 겨울잠을 자요. 추위와 건조함을 이겨 내기 위해 껍데기 속에 몸을 넣고 껍데기 입구에 분비물로 막을 쳐요.

▲겨울잠을 자는 곰 겨울이 오기 전에 먹이를 많이 먹어 둬 영양분을 몸에 저장해요.
그래서 겨울잠을 자기 전에 몸무게가 평소보다 30%나 늘어난답니다.

▼겨울잠을 자지 않는 북극곰 추위에도 끄떡없기 때문에 겨울잠을 자지 않아요.
먹이가 부족할 때나 새끼를 임신했을 때 겨울잠을 자기도 해요.

몸의 온도가 변하는 동물이 있어요?

우리 몸은 늘 따뜻해요. 밖이 많이 더워도, 많이 추워도, 우리의 체온은 늘 일정하지요. 그런데 밖의 온도에 따라 체온이 변하는 동물이 있어요. 이런 동물을 '변온동물' 이라고 해요. 변온동물은 밖의 온도에 따라 체온이 올라갔다 내려갔다 해요. 하지만 체온 조절을 할 수 없을 정도로 추워지거나 더워지면 잠을 자요. 변온동물에는 잠자리, 붕어, 개구리, 두꺼비, 뱀, 도마뱀 등이 있어요.

◀ **캘리포니아왕뱀**
독은 없지만 방울뱀처럼
강한 독을 가진 뱀도
잡아먹어요.

▶ **뱀의 혀** 뱀은 둘로 갈라진
혀끝으로 냄새를 맡아요.

▲파충류, 도마뱀 산간 초원에 살며
곤충이나 지렁이를 잡아먹어요.

▲잠자리를 잡은 개구리 개구리는
살아 움직이는 먹이만을 잡아먹어요.

◀빨간눈청개구리
적을 위협하기 위해서
눈이 빨간 거예요.

북극곰은 어떻게 추위를 견딜까요?

극지방은 아주아주 추워요.
일년 내내 얼음이 꽁꽁 얼어 있지요.
이렇게 추운 극지방에도 동물들이
살아요.
북극에는 북극곰과 북극여우,
바다사자, 고래 등이, 남극에는
펭귄과 물범, 고래 등 여러 동물이
살고 있지요. 극지방처럼 무지무지

▲북극곰 이중구조로 된 털이 온몸에 빼곡히 나 있고 두꺼운 지방층이 있어 몸을 따뜻하게 보호해 줘요.

추운 데 사는 동물들은 몸의 열을 뺏기지 않아서 별로 안
춥대요. 촘촘한 털이 온몸을 둘러싸고 있고, 피부 아래에는
아주 두꺼운 지방층이 있거든요.

▶물개
두꺼운 지방층이
추위를 막아 줘요.

▲아기 하프물범 등에 하프(악기)
모양의 검은 반점이 흩어져
있어요. 하프물범은 북극에
살며 두꺼운 지방층을 가지고
있지요. 아기 때는 다른 동물의
눈에 띄지 않게 주변의 눈처럼
털색이 하얗지요.

◀범고래 고래도 몸을 따뜻하게
하기 위해 피부에 두꺼운
지방층이 있어요. 범고래는
자기보다 큰 고래도
잡아먹어요.

펭귄은 왜 날지 못해요?

새들은 날개가 크고, 몸이 가벼워요.
하지만 펭귄은 날개가 작고, 납작하고,
빳빳해요. 뼈 속이 꽉 차 있어서 몸무게도
아주 많이 나가지요. 그래서 펭귄은 날 수
없어요. 대신 펭귄은 헤엄을 아주 아주 잘
쳐요. 빳빳하고 납작한 날개로 힘차게 물을
밀어내지요. 무거운 몸 덕분에 잠수도
아주 잘 해요. 헤엄치는 펭귄을 보면
꼭 물속에서 나는 것 같아요.

▲마카로니펭귄
남극에 사는 펭귄의 몸에는
깃털이 촘촘히 나 있고,
두꺼운 지방층이 있어요.

▼가장 큰 펭귄, 황제펭귄 남극대륙에서 무리 지어 살며,
한겨울에 알을 낳아 정성을 다해 돌보아요.

▲ 사냥을 떠나는 어델리펭귄
남극에 사는 대표적인
펭귄으로 매우 큰 무리를
지어 살아요.

◀남아메리카에 사는
훔볼트펭귄 먹이가
많고 차가운
훔볼트해류가
흐르는
남아메리카
서해안에 무리
지어 살아요.

▲ 눈 위에 흰색 무늬가 있는 젠투펭귄
펭귄들은 여럿이 몸을 맞대어
추위를 이기기도 해요.

새는 어떻게 하늘을 날아요?

하늘을 날려면, 몸이 아주 가벼워야 해요.
바람을 뚫을 만큼 힘도 아주 세야 하지요.
물론 펄럭이는 멋진 날개도 있어야겠죠?
새는 이 모든 것을 다 갖추었어요.
새의 몸은 아주 가벼워요. 뼛속이 텅 비어 있거든요.
새의 몸을 보면 앞은 둥글고 뒤로 갈수록 뾰족한
모양이에요. 바람을 뚫기 쉬운 모양이지요.
새는 멋진 날개를 힘차게 펄럭일 수 있는 튼튼한 가슴
　　근육도 가지고 있지요. 그래서 새는 멋지게,
　　　　아주 잘 날 수 있답니다.

▼새의 날개와 비행기의 날개
비행기의 날개 모양은 새의 날개 모양과 비슷해요.
날개 앞부분은 둥글지만 뒷부분으로 갈수록
가늘고 날카로워져요.

▼하늘을 나는 가장 큰 새, 앨버트로스
'신천옹' 이라고도 하는데 펼친 날개의 길이가 2m도 넘어요.

▶ 세상에서 가장 작은 새, 땅꼬마벌새
100원짜리 동전만한 몸으로
날면서 꿀을 빨아 먹어요.

동물은 어떻게 숨을 쉬나요?

우리는 물속에서 숨을 쉴 수 없어요.
하지만 물고기는 아가미가 있어서 물속에서 숨을 쉬어요.
아가미에는 아주 가는 핏줄이 촘촘하게 얽혀 있어요.
물고기는 헤엄치는 동안 아가미를 계속 움직이는데,
이때 물이 아가미를 지나면서 핏줄 속에 산소를 넣어 주지요.
물 밖에 사는 동물들은 허파로 숨을 쉬어요.
코로 공기를 들이마시면 허파에서 산소를 빨아들이고
이산화탄소가 많은 공기를 다시 밖으로 내보내는 거예요.

◀폐로 숨쉬는 돌고래
머리에 난
숨구멍으로 공기가
드나들어요. 숨을
쉬기 위해 물 위로
떠올라요.

▶아가미 구멍이
7개 있는 칠성장어
눈 옆에 아가미 구멍
7개가 줄지어 있어요.
입에 이빨들이 둥근
빨판처럼 나 있어요.
큰 물고기 몸에 붙어
체액을 빨아 먹어요.

▲피부로 숨 쉬는 지렁이 비가 내려 땅속에
물이 차면, 숨을 쉬기 위해 땅 위로 올라와요.

초식동물과 육식동물 중 누가 더 커요?

고기를 먹는 동물이 더 클 것 같다고요?
하지만 땅 위에 사는 동물 중 가장 큰
코끼리는 풀을 먹어요.
하마, 기린, 코뿔소, 들소처럼 덩치 큰
동물들도 풀을 먹지요. 사자, 호랑이,
표범, 치타가 고기를 먹고요. 이
동물들은 들소보다 덩치도 작고
날씬하답니다. 고기를 먹는 동물은
몸집이 크면 몸이 둔해서 사냥을 할 수
없어요.

▲얼룩말을 먹고 있는 수사자
얼룩말, 물소 등 몸집이 큰
초식동물을 잡아먹어요.

▲육지에서 코끼리 다음으로
큰 코뿔소 아침과 저녁에
풀이나 나뭇가지 등을 먹고
낮에는 나무 그늘에서 쉬어요.

◀밤에 사냥하는 표범
작은 동물이나 새를 잡아먹어요.
나무 위에서 먹잇감을 기다리다가
먹잇감이 나타나면 잽싸게
뛰어내려 잡아요.

▲달리기 선수, 말 풀을 먹는 초식동물이에요. 어금니가 커서 풀을 먹기 편리해요.

◀육지에서 가장
큰 코끼리
풀이나
나무껍질을
주로 먹어요.
긴 코에는 뼈가
없어서 원하는
대로 움직일 수
있지요.

철새는 왜 멀리 이사를 갈까요?

철새는 따뜻한 곳을 찾아 이사를 다녀요.
기러기는 시베리아, 사할린 등 매우 추운
곳에 살아요. 겨울이 되면 조금이라도 더
따뜻한 곳을 찾아 우리나라로 왔다가 봄에
돌아가지요. 따뜻한 남쪽에 사는 제비는 봄이
되면 우리나라로 와서 알을 낳고 새끼를
키워요. 가을이 되어 우리나라가 추워지면
남쪽으로 날아가지요.

▲겨울철새, 두루미
북쪽에 살다가 가을이
되면 우리나라로 찾아오
겨울을 보내요.

▼누 떼의 이동 초원에 사는 누는 풀을 찾아 이동해요.
누는 수만 마리씩 떼를 지어 1,600㎞가 넘는 거리를 이동해요.

▲겨울철새, 기러기 새끼는 여름까지 어미의 보호를 받다가 가을이 되면 어미와 함께 둥지를 떠나요.

▼여름철새, 백로 봄이 되면 남쪽에서 우리나라를 찾아와 새끼를 치고, 가을이 되면 다시 돌아가요.

개구리는 왜 큰 소리로 울어요?

개골 개골 개골.
봄이 되면 개구리들이 떼를 지어 울어요.
아주 큰 소리로 울어요.
이 개구리들은 모두 수컷이에요.
수컷 개구리 목 아래에는 울음주머니가 달려 있는데,
이 주머니를 풍선처럼 크게 부풀려 소리를 크게 내지요.
수컷 개구리가 크게 우는 이유는 짝을 찾기 위해서예요.
"개골 개골, 멋진 남자가 여기 있어."
그럼 멀리 있는 암컷이 듣고 팔짝팔짝 뛰어 온답니다.

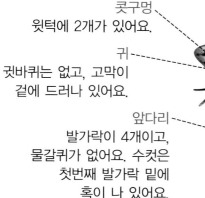

콧구멍
윗턱에 2개가 있어요.

귀
귓바퀴는 없고, 고막이
겉에 드러나 있어요.

앞다리
발가락이 4개이고,
물갈퀴가 없어요. 수컷은
첫번째 발가락 밑에
혹이 나 있어요.

피부
미끈미끈하고 축축하게 젖어
있어요. 피부로도 숨을 쉬어요.

꼬리
올챙이 때는 있지만
개구리가 되면서 없어져요.

뒷다리
발가락이 5개이고, 발가락
사이에 물갈퀴가 있어
물속에서 헤엄치기 편리해요.

▲개구리 몸의 구조

▲오돌토돌 두꺼비

▲맨들맨들 개구리

★두꺼비와 개구리의 차이점★
두꺼비는 등에 오돌토돌 돌기가 있고, 독이 있지만 개구리는 돌기와 독이 없어요.
그리고 개구리는 울음주머니가 있지만 두꺼비는 없지요.

▶배가 투명한 유리개구리
수컷 유리개구리는 암컷을
찾기 위해 울음주머니를
부풀려 소리를 내요.

45

먹이를 저장하는 동물도 있나요?

겨울이 오면 동물들은 먹이를 구하기
힘들어져요. 그래서 먹이를 미리 저장해
두기도 해요. 다람쥐는 겨울에 먹기
위해 땅속에 먹이 창고를 만들어
먹이를 저장해요. 도토리딱따구리는
나무에 구멍을 뚫고 열매와 곤충 등
먹이를 꼭꼭 숨겨 놓아요. 까치도
먹이를 나뭇가지에 숨겨 두어요. 배고플
때 와서 먹으려고요. 북극여우는 먹고 남은 먹이를 눈 속에
묻어 둬요. 우리가 음식물을 냉장고에 넣어 두는 것처럼요.

▲ 여름은 회갈색, 겨울은 흰색으로
털색이 바뀌는 북극여우
겨울에 대비해 새나 물고기 등의
먹이를 저장해요.

▲ 뭐든 잘 먹는 까치 벌레, 씨앗, 과일 등
뭐든 잘 먹는 까치는 다음에 먹기 위해
먹이를 저장해 두는 습관이 있어요.

▲ 볼주머니에 먹이를 가득 채운 다람쥐
볼 안에 볼주머니가 있어서 먹이를 저장해
운반하는 데 편리해요.

▶나무 구멍에
먹이를 저장하는
도토리딱따구리
단단하고 뾰족한 부리
끝으로 나무를 쪼아
구멍을 만들어요.
그리고 그곳에
먹이를 저장해요.

47

먹이사슬이 뭐예요?

식물은 햇빛을 받아 스스로 영양분을 만들어요.
하지만 동물들은 식물이나 다른 동물을 먹고 살지요.
소와 토끼, 사슴 같은 초식동물은 식물을 먹고,
사자와 호랑이, 뱀과 같은 육식동물은 다른 동물을 먹고
살아요. 생물들끼리 서로 먹고,
먹히는 관계를 먹이사슬이라고 해요.
먹이사슬에서는 언제나 식물의
숫자가 가장 많아야 하고,
다음으로 초식동물, 육식동물
순서로 많아야 해요.
이 순서대로
단을 쌓으면
피라미드 모양이
만들어지지요.

식물을 먹는 **초식동물**
(1차 소비자)
녹색식물을 먹는
초식동물이에요.
성질은 온순하지요.

광합성을 하는 식물
(생산자)
햇빛을 받아 스스로
양분을 만드는
녹색식물이지요.

동물을 먹는 육식동물
(2·3차 소비자)
초식동물, 육식동물을
잡아먹어요.
성질이 사나워요.

박쥐는 새일까요, 쥐일까요?

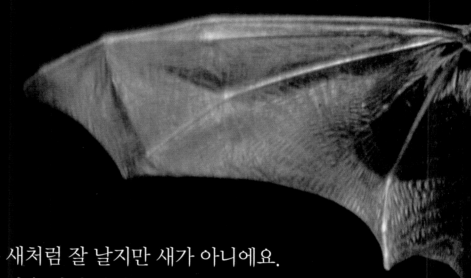

박쥐는 새처럼 잘 날지만 새가 아니에요.
새처럼 알을 낳지 않거든요.
박쥐는 새끼를 낳아 젖을 먹여 키워요.
박쥐에게는 새와 같은 깃털도 없어요.
쥐처럼 그냥 털이 났답니다. 그렇다고 쥐도 아니에요.
박쥐의 날개는 원래 손가락이었대요. 손가락이 길게
늘어나고 그 사이사이에 얇은 막이 생겨 날개처럼
변했지요. 박쥐는 꼬리와 뒷다리 사이에도 얇은 막이
있어서 두 팔을 쫙 펼치면 꼭 망토를 활짝 펼친 것 같아요.

▼깜깜한 밤하늘을 나는 박쥐
박쥐는 하늘을 나는 유일한
포유류예요. 박쥐는 귀뚜라미
소리를 내며 날면서, 모기나
나방을 잡아먹어요.

▲ 설치류(쥐과) 중에서 가장 큰 카피바라
위아래 앞니가 계속 자라며 튼튼한 앞니로
딱딱한 것을 계속 가는 습성이 있어요.

51

Animal ②

신기신기! 처음 보는
희귀한 동물

날아다니는 다람쥐가 있나요?

하늘다람쥐는 새가 아닌데도 날 수 있어요.
높은 곳에 올라가 앞다리와 뒷다리 사이의 얇은 막을 활짝
펴고 글라이더처럼 바람을 타고 날지요. 하늘다람쥐 외에도
이름 앞에 '날' 자가 붙은 날도마뱀, 날원숭이도 날 수
있답니다.
또 새만큼 잘 나는 동물이 있어요.
바로 박쥐예요. 손이 변해서 생긴 날개는 새의 날개
못지않게 크고 잘 펄럭거려요.
박쥐는 새처럼 날 수 있는 유일한 포유류랍니다.

▲다람쥐 등 뒤에는 5줄의 검은색 줄무늬가
있고, 겨울잠을 자요.

▲청서 다람쥐와 비슷하지만 다람쥐보다 크고 등에
줄무늬가 없어요. 몸은 회색을 띤 갈색이에요.

▲하늘을 나는 하늘다람쥐
네 다리를 활짝 펴면 큰 막이 생겨
10m정도 날 수 있어요

날아다니는 뱀도 있어요?

나무에서 뛰어내리는 동아프리카초록맘마라는 뱀을 보고
놀라지 말아요. 다른 나무까지 날아가는 중이거든요.
몸을 잔뜩 움츠렸다가 넓게 펴서 나는 이 뱀은, 날개가
없어도 100m까지는 거뜬히 날 수 있대요.
나무 사이를 날아다니며 도마뱀, 개구리, 박쥐처럼 작은
동물을 잡아먹고 살지요. 크기는 1m정도 된다고 해요.

▼하늘을 나는 날도마뱀 나무 위에 살면서
비막(날개와 같은 막)을 좌우로 펴고 하늘을 날아요.
몸과 꼬리는 날기에 알맞게 가늘고 길어요.

▲날기 직전의 **동아프리카초록맘마** 나뭇잎에 올라가 몸을 스프링처럼
팅겨 내려오듯이 날아요. 100m 가까이 날 수 있다고 해요.

두더지는 땅속에서만 살아요?

두더지는 땅속에 집을 짓고 살아요.
그러다보니 눈이 아주 나빠졌어요.
하지만 컴컴한 땅속에서는
잘 안 보여도 괜찮아요.
두더지도 가끔은 땅 위로 올라와요.
흐린 날이나 한밤중에 땅 위로 올라와
맛있는 지렁이와 애벌레를 잡아먹지요.

▲ 땅파기 선수, 두더지 둥글게
생긴 몸 덕분에 땅굴을
지나다니기 편리해요.

삽모양의 앞발은
땅 파기에 좋아요.

냄새를 잘 맡을 수 있어
먹이를 쉽게 찾아요.

앞발에
5개의 길고
큰 발톱이
있어요.

주둥이는 길고 뾰족해요.

꼬리는 1~3cm로 짧아요.

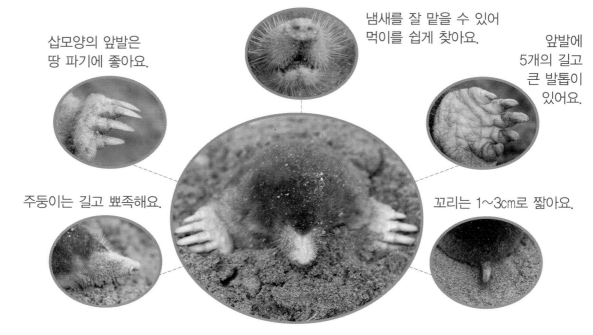

▲ 두더지 몸의 구조

▲ 별 모양의 코를 가진 별코두더지 코끝에 예민한 촉수(감각기관) 덕분에 먹이를 쉽게 잡아요.

▼ 땅 파기 좋은 곳에 사는 두더지 숲, 풀밭 등에 사는데 주로 우리나라, 일본, 중국에 살아요.

갑옷을 입은 동물이 있을까요?

아르마딜로는 온몸이 갑옷같이 단단한 피부로 덮여 있어요.
배만 빼고요. 무서운 동물을 만날 때마다 아르마딜로는
땅에 배를 붙이고 웅크리거나 몸을 공처럼 동그랗게 말고
버티지요. 아무리 뾰족한 이빨도, 날카로운 발톱도
아르마딜로의 갑옷 피부를 뚫을 수 없으니까요. 화가 난
사자가 공이 된 아르마딜로를 물속으로 던져도 괜찮아요.
아르마딜로는 진짜 공처럼 물에 둥둥 뜬답니다.
창자 속에 공기를 넣을 수 있기 때문이에요.

▼북방맨발가락아르마딜로 단단한 앞발로 땅을 파서 흰개미를 잡아먹어요.
땅속에 판 굴에서 살지요.

▼아홉줄무늬아르마딜로
위협을 받으면 1m 높이로
껑충 뛰어오르거나
공벌레처럼 몸을 둥글게
말아요.

낚시를 하는 물고기도 있어요?

개구리물고기는 직접 낚시질을 해요.
머리 위에 달린 가시를 살살 흔들면, 물고기들이
먹이인 줄 알고 달려들어요.
이때, 개구리물고기는 아주 재빠르게 이들을 잡아먹지요.
심해아귀도 낚시를 한답니다. 깊은 바닷속에 사는
심해아귀의 이마에 낚싯대 모양의 가는 뿔 같은 것이 달려
있어요. 이 뿔이 반짝반짝 빛을 내어 먹이를 유인하는
거예요. 깜깜한 심해에서 심해아귀의 불빛을 보고
다른 물고기가 다가오면 아웅! 한입에 삼키는 거지요.

◀암컷과 수컷이 한몸이 되는
심해아귀 심해아귀 수컷은
암컷을 만나면 암컷에게
달라붙어 평생을 함께 살아요.

▼무시무시한 개구리물고기
　입을 아주 크게 벌릴 수 있어서 제 몸보다
　2배나 큰 물고기도 잡아먹어요.

제일 게으른 동물은 누구일까요?

나무에 매달려 하루 열여덟 시간을
자는 나무늘보가 가장 게을러요.
나무늘보는 비를 맞아도 몸을 털지
않을 정도로 게을러요.
그래서 몸에 이끼 같은 녹색 식물이
자란답니다.
이 녹색 식물 덕분에 나무늘보는

▲잠꾸러기 코알라 나무 위에서
생활하며 하루 평균 20시간을 자요

나무와 잘 구별되지 않아요. 게으른 나무늘보가 가장 빨리
움직일 때는 헤엄칠 때예요. 물속에서는 늘보(느림보)라는

말이
믿어지지
않을 정도로
빠르답니다.

▲끈적거리는 긴 혀로 개미를 잡아먹는 대왕개미핥기 이빨이 빈약하거나 이빨이 없는
동물을 빈치류라고 해요. 빈치류에는 개미핥기, 나무늘보, 아르마딜로 등이 있어요.

▼ 세발가락나무늘보
나무늘보는 앞발의 발가락이 3개인
세발가락나무늘보와 앞발의 발가락이 2개인
두발가락나무늘보가 있어요.
뒷발의 발가락은 모두 3개예요.

물 위를 걷는 동물도 있어요?

아무리 빠르고 가벼운 사람도 물 위를 걸을 수는 없어요.
하지만 바실리스크이구아나는 물 위를 걸을 수 있답니다.
특히 무서운 뱀이 쫓아올 때면 '걸음아 날 살려라.'
물 위로 도망을 가요.
마치 사람이 달리는 것처럼 번쩍 일어나서
두 발로 찰방찰방 물을 튀기며 뛰어가지요.

▲물 위를 성큼성큼 걸어 다니는 소금쟁이
발목 마디의 잔털에서 나오는 기름
때문에 물이 소금쟁이를 밀어내서
물 위에 뜰 수 있어요.

바실리스크이구아나가 물 위를 걸을 수 있는 것은
1초에 다리를 20번이나 움직일 수 있을 만큼
재빠르기 때문이에요.
또 가벼운 몸무게, 긴 발가락, 긴 꼬리도
바실리스크이구아나가 물 위를 뛸 수 있게 도와준답니다.

◀ 꼬리 길이가 몸의 반 이상인 바실리스크이구아나
알에서 깨어나자마자 달려거나 헤엄칠 수 있어요.

분홍빛 돌고래도 있나요?

돌고래가 바다에만 사는 건 아니에요.
아마존 강에는 몸 빛깔이 분홍인
아마존강돌고래가 산답니다.
아마존강돌고래는 온몸이 분홍색인
것도 있지만 보통 푸른빛이 도는
회색이에요. 배만 분홍색이지요.

▲오징어와 물고기를
좋아하는 돌고래
한 배에 1마리의
새끼를 낳아요.

아마존강돌고래가 종종 배를 보이며 헤엄을 쳐서
사람들이 분홍 돌고래로 착각을 했지요.
아마존강돌고래는 바다 돌고래와 닮았지만 등지느러미가
없고 부리가
굵고 길어요.

◀멸종 위기의
아마존강돌고래
강돌고래과 중에서
가장 큰 돌고래로,
멸종위기에 놓여
있어 보호받고
있어요.

▼바다의 카나리아, 흰돌고래
 잠수한 채로 2~3㎞까지 이동할 수 있으며
 물속에서 카나리아와 비슷한 울음소리를 내요.

불가사리는 다 별 모양이에요?

불가사리는 보통 별 모양이에요.
하지만 해님 모양의 불가사리도 있답니다.
이름도 햇님불가사리예요. 햇님불가사리는
불가사리 중에 왕 같아요.
커다란 팔이 15~24개나 되거든요.
햇님불가사리가 나타나면 해삼, 전복, 조개
등이 벌벌 떨며 도망쳐요.
하지만 햇님불가사리는 재빠르게 움직여
먹잇감을 모두 먹어치운답니다.

▲ 큰혹불가사리
몸 전체에 혹 모양의
돌기가 나 있어요.

▲ 별불가사리
팔은 보통 5개이지만
4개, 6개인 것도 있어요.

▼ 햇님불가사리 지름이 보통 60㎝정도예요.

▲거미불가사리
몸통 지름은 2cm인데 팔 길이는
7cm나 돼요. 긴 팔은 가늘고 유연해서
도망갈 때 도움이 돼요.

71

인어공주가 정말 있을까요?

"인어공주다!"
배를 타고 태평양을 지나가던 선원들이 깜짝 놀라
소리를 쳤어요.
바위 위에 앉아 있는 인어공주를
발견했기 때문이지요.
하지만 뱃사람들이 발견한 건
인어공주가 아니라 듀공이었어요.
듀공이 꼭 사람처럼 보여서
인어공주라고 착각한 거예요.
듀공은 보통 물고기하고 다르게
생겼어요.

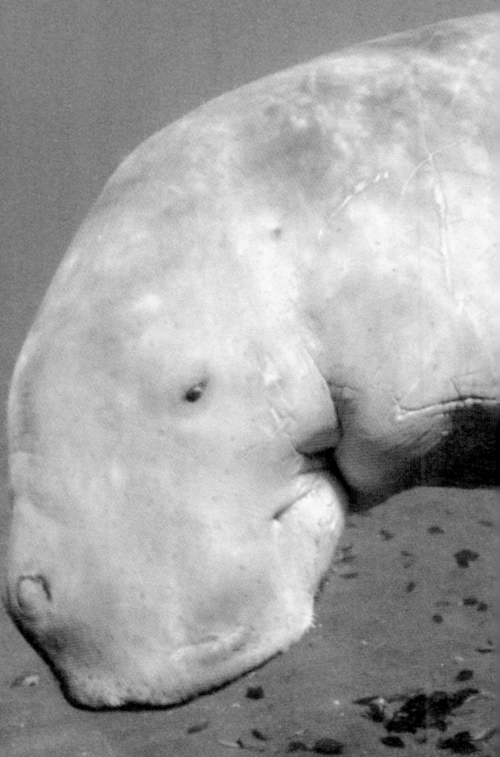

▶인어공주, 듀공
  주로 저녁에 먹이를 찾는데 헤엄칠 때
  가슴지느러미를 노(배를 나아가게 하는 긴 막대)처럼
  사용해요.

▲듀공의 사촌, 매너티
듀공과 매우 닮은 매너티도 포유류예요.
그런데 매너티의 꼬리는 주걱 모양처럼 둥글지
듀공의 꼬리는 고래처럼 두 갈래로 갈라져 있

등지느러미가 없어서 맨송맨송한 몸뚱이, 팔처럼 커다란
가슴지느러미, 코끼리처럼 불룩 나온 코를 가지고 있지요.
듀공은 바다에 사는 젖먹이 동물 포유류예요.
산호초가 있는 바다에서 바다풀을 먹고 산답니다.

몸이 투명한 물고기도 있어요?

유리메기는 작은 물고기예요.
그래서 유리메기를 한입에 잡아먹으려는 적들이 많아요.
그러나 다행스럽게도 유리메기의 몸이 유리같이 투명해서
적에게 잘 보이지 않는답니다. 그래서 적은 유리메기 곁을
그냥 지나치지요. 유리메기를 자세히 들여다보면 투명한
몸 안으로 등뼈와 내장기관이 희미하게 보여요.
그래도 적들에게는 투명한 몸에 비친 풍경만 보인다니
정말 다행이지요!

▲잠자리처럼 투명한 날개를 가진
유리나비 중앙아메리카 열대우림에서
꽃의 꿀을 빨아 먹고 살아요.

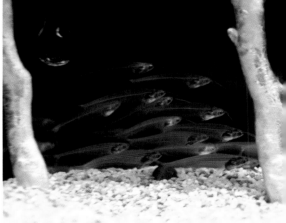

▲투명한 유리메기 유리처럼 몸이 투명하고, 비늘이
덮여 있지 않아요.

◀더운 물에 사는 유리메기
생김새는 메기와 비슷하고,
한자리에 오래 머물러 있는
습성이 있어요.

꼬리가 없는 물고기가 있어요?

개복치는 꼬리를 흔들 수 없어요.
꼬리지느러미가 키지느러미로 변해서
꼭 꼬리 없는 물고기 같지요.
가슴지느러미는 너무 작고,
배지느러미는 아예 없고, 몸집만 엄청
큰 개복치는 물고기 중에서 최고로
웃기게 생겼어요.
헤엄칠 때도 얼마나 희한하다고요.
보통 때는 다른 물고기처럼

▲사자를 닮은 쏠배감펭
머리는 크고 정수리가
울퉁불퉁해요.

헤엄을 치지만
가끔 옆으로
누워 둥둥
떠다니기도
해요.

▲튀어나온 코, 두툼한 입술의 갈라파고스부치
불룩 나온 코에 있는 가짜 미끼로 먹이를 유인해요.

▲세상에서 알을 가장 많이 낳는 개복치
작은 알을 한번에 3억 개 정도 낳아요.

웃는 도롱뇽은 어디에서 살아요?

멕시코에는 방긋 웃는 도롱뇽이 살고 있어요.
멕시코도롱뇽을 처음 보면 고개가 갸웃거릴 거예요.
도롱뇽이 아니라 꼭 커다란 올챙이처럼 생겼거든요. 게다가
목 주위에 나무의 잔가지 같은 것들이 달려 있어요.
이 가지들은 멕시코도롱뇽의 아가미예요. 원래 도롱뇽은
어릴 때 아가미로 숨을 쉬다가 어른이 되어 땅 위로
나오면서 아가미가 없어지고 폐로 숨을 쉬어요.
하지만 멕시코도롱뇽은 어른이 되어서도 물속에 살며
아가미로 숨을 쉰답니다.

▲ 짙은 색깔의 멕시코도롱뇽 야생에 사는
것은 대부분 짙은 색깔이에요.

▲ 온몸이 하얀 돌연변이 멕시코도롱뇽
멜라닌 색소가 없어 온몸이 하얘요.

▼재생 능력이 뛰어난 멕시코도롱뇽
 멕시코도롱뇽은 재생 능력이 뛰어나서 다리가 잘려도 새롭게 생겨나요.

도마뱀과 도롱뇽은 어떻게 달라요?

도마뱀은 뱀의 친척이고, 도롱뇽은 개구리의 친척이에요.

도마뱀은 뱀처럼 마른 땅에서도 살 수 있어요.

하지만 도롱뇽은 물속이나 물 가까운 데 살아요.

도마뱀은 뱀처럼 비늘이 있어요.

하지만 도롱뇽은 개구리처럼 피부가 미끈미끈해요.

도마뱀은 앞다리 뒷다리 발가락이 5개씩이에요.

하지만 도롱뇽은 앞발가락은 4개, 뒷발가락은 5개랍니다.

도마뱀과 도롱뇽 모두 꼬리가 잘리면 새로 자라요.

▼이구아나 대형 도마뱀으로 머리가 크고 꼬리는 전체 길이의 3분의 2나 돼요.

▲**도마뱀** 악어, 거북과 같은 파충류로 건조한 곳에서도 살 수 있어요.

▼**도롱뇽** 개구리, 두꺼비와 같은 양서류로 물이 가까이 있는 곳에서 살아요.

물개와 물범은 똑같이 생겼어요?

물개와 물범은 둥그런 몸뚱이가
비슷하게 생겼어요. 하지만 실제로
보면 물개가 물범보다 훨씬 커요.
물개는 물범보다 땅에서 더 잘
걸어요. 뒤뚱뒤뚱 뛰기도
하지요. 물개는 작은 귓바퀴도 있어요.
하지만 물범은 잘 걷지도 못하고,
귓바퀴도 없어요.

▲오징어를 좋아하는 물개
물속에서는 앞다리를
이용해 헤엄쳐요.

▲몸에 점이 난 물범
새끼는 온몸이 흰색 털로 뒤덮여 있는데
자라면서 검은 반점이 생겨요.

▲송곳니가 긴 바다코끼리 암컷과 수컷 모두
두 개의 송곳니가 길게 나 있어요. 이 송곳니로
바다 바닥을 파고 먹이를 잡아먹어요.

▲ 남방코끼리물범
물범류 중 가장 크며, 수컷은 코를 길게
늘일 수도 있고, 크게 부풀릴 수도 있어요.

▲ 물개과 중에서 가장 큰 스텔러바다사자
울음소리는 사자의 울음소리처럼 크고 우렁차요.

투구게가 공룡보다 더 오래 전에 생겨났나요?

투구게는 공룡보다 훨씬 전에 생겨났어요.
많은 동물들이 시간과 환경의 변화에 따라 변하는데,
투구게는 수천만 년 전 처음 생겨난 모습 그대로
지금까지 살고 있지요.
그런데 투구게는 우리가 아는 게와 무척 다르게 생겼어요.
집게 다리도 없고, 옆으로 기지도 않아요. 투구게는 게가
아니기 때문이에요.

▲ 살아 있는 화석, 실러캔스
'환상의 물고기'라고도 불리는
실러캔스는 5천만 년 전 멸종한
것으로 알려졌지만, 1938년
마다가스카르 가까운 바다에서
발견돼 전 세계를 놀라게 했어요.

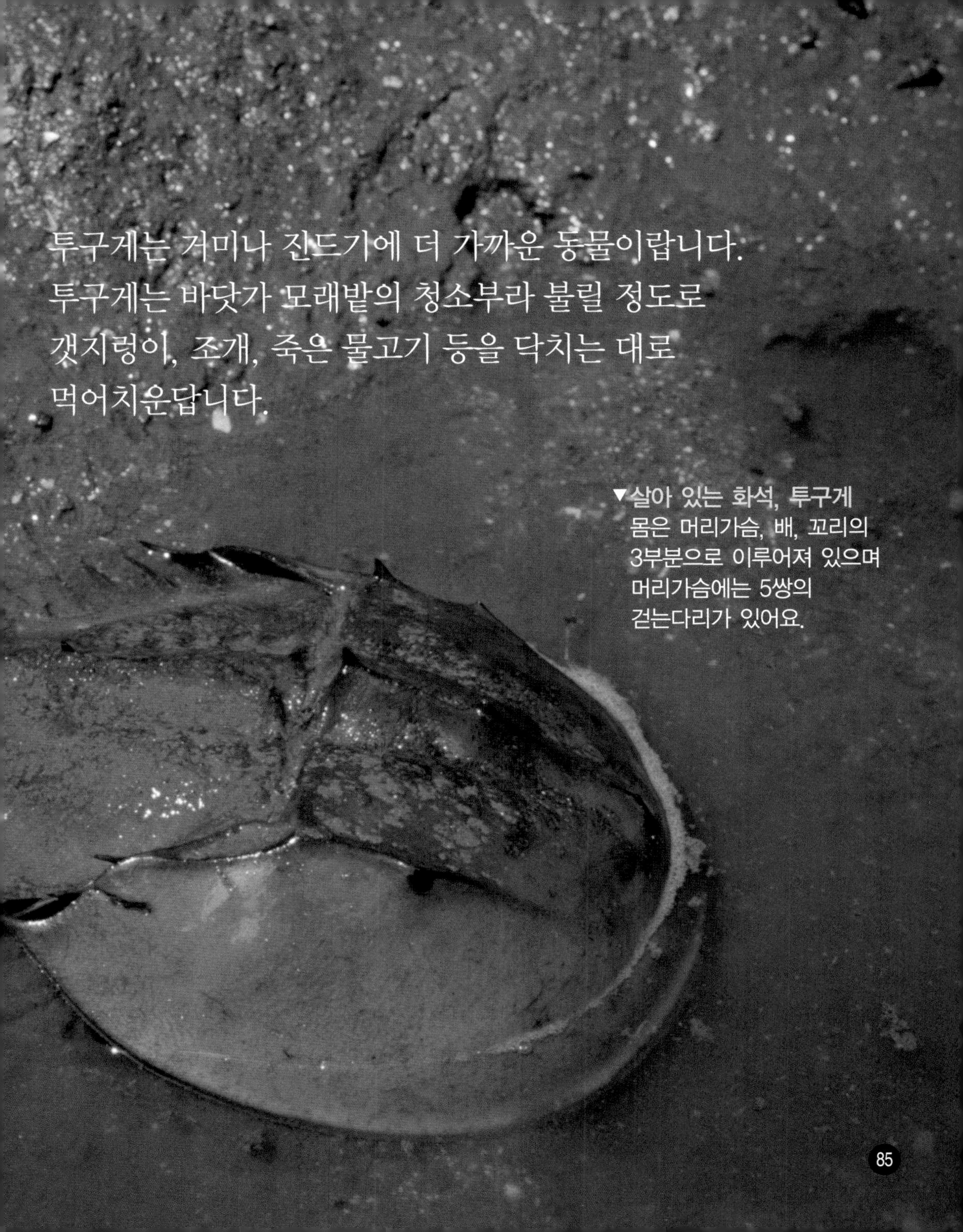

투구게는 거미나 진드기에 더 가까운 동물이랍니다.
투구게는 바닷가 모래밭의 청소부라 불릴 정도로
갯지렁이, 조개, 죽은 물고기 등을 닥치는 대로
먹어치운답니다.

▼살아 있는 화석, 투구게
몸은 머리가슴, 배, 꼬리의
3부분으로 이루어져 있으며
머리가슴에는 5쌍의
걷는다리가 있어요.

가장 빠른 물고기는 누구일까요?

바다에서 가장 빨리 헤엄치는 물고기는 돛새치예요.
돛새치는 돛(배 위에 매달아 펼친 천)처럼 아주 큰
등지느러미와 꼬리지느러미를 물 밖으로 내밀고 빠른
속도로 헤엄을 쳐요. 그런데 돛새치는 빠른 만큼 금세
지치고 말아요. 육지의 빠른 동물 치타처럼 말이에요.
오랫동안 빠르게 헤엄칠 수 있는 동물은 돌고래예요.
돌고래는 몇 시간씩 배를 쫓아다녀도 지치지 않는답니다.

▼바다의 달리기 선수, 돛새치
아래턱보다 2배나 큰 위턱을 가진 돛새치의 최대 시속은 112km나 돼요.

▲바다 위를 나는 날치 적을 만나면 물 밖으로 튀어나와 달아나요. 길게는 30~40초 정도 날며, 물 위로 뛰쳐나올 때의 속력은 시속 50~60km정도로 매우 빨라요.

▼상어 중 가장 빠른 청상아리 시속 50km의 속도로 헤엄을 쳐요.

판다는 곰이에요?

판다는 몸집을 보면 곰 같아요. 하지만 눈두덩의 까만
얼룩을 보면 너구리같지요.
동물학자들은 판다를 곰으로 부를까, 너구리로 부를까
고민하다가 판다라고 부르기로 했어요. 판다는 나무에
올라가는 것을 무척 좋아해요. 하루 종일 나무 위에서 놀고,
먹고, 쉬지요. 둥글둥글한 겉모습과 달리 입맛이
까다로워서 대나무와 조릿대(대나무의 한 종류)만 좋아해요.

▲가장 크고 무거운 곰, 불곰 온몸에
갈색이나 검은색 털이 나 있고, 어깨에
혹이 튀어 나와 있어요.

▲북극에 사는 거대한 북극곰 온몸에 하얀 털이
나 있고, 땅 위에 사는 육식 포유류 가운데 가장
덩치가 커요.

▲점점 사라지는 대왕판다 중국 고산지대에 살아요. 숫자가 너무 줄어들자
나라에서 보호하고 있답니다.

너구리만큼 작은 판다도 있어요?

까만 안경을 쓴 것 같은 모습의
커다란 판다. 이 판다의 원래
이름은 대왕판다예요.
덩치가 커서 대왕이라는 이름이
붙었나 봐요. 그런데 판다라고
모두 이렇게 크지는 않아요.

▲대왕판다 눈 주위와 귀,
네 다리가 검어요.

너구리 판다는 크기도 너구리만 하고, 짧은 귀와 뾰족한
주둥이도 너구리를 닮았지요.
커다란 대왕판다와 작은 너구리 판다에게는 공통점이 하나
있어요. 제일 좋아하는 먹이가 대나무라는 거예요.

▲눈 주위가 검은 너구리 눈 주위와 등
가운데가 검어요. 미국너구리는 꼬리에
검은색 줄무늬가 나 있어요.

▲너구리를 닮은 너구리판다 눈 아래로 굵은
세로줄무늬가 있어요. 꼬리에 고리 무늬가
흐리게 있지요.

▼너구리처럼 작은 너구리판다
나무를 매우 잘 타요. 낮에는
나뭇가지 위에서 잠을 자다가
밤이 되면 내려와
먹이를 찾아요.

해마는 아빠가 새끼를 낳나요?

아빠 해마는 제 몸속에 알을 품고 다녀요. 알에서 새끼가
깨어 나오면 비로소 몸 밖으로 내놓지요. 그래서 꼭 아빠
해마가 새끼를 낳는 것처럼 보여요. 하지만 아빠가 알이나
새끼를 낳는 건 아니랍니다.

엄마 해마가 아빠 해마의 배에 있는 알주머니에 알을
낳으면, 아빠 해마가 품고 다니다가 새끼가 깨어나면
밖으로 꺼내 놓는 것이지요. 해마는 빨대처럼 튀어나온
주둥이를 이용해 작은 물고기나 플랑크톤을 먹는답니다.

▲아랫배가 뚱뚱한 뚱보해마 사는 곳에
따라 몸 색깔이 다양해요.

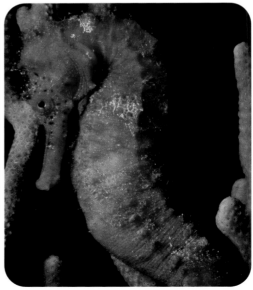

▲말의 모습을 닮은 해마
'바다에 사는 말' 이라는 뜻에서
해마라고 불러요.

◀알을 품는 해마 수컷
암컷이 수컷 배에 있는
태아낭에 알을 낳으면,
수컷이 2주 동안 품어요.

오리너구리는 오리일까요, 너구리일까요?

오리너구리의 주둥이는 오리랑 꼭 닮았어요.
앞발에는 큰 물갈퀴가 있고, 헤엄도 얼마나 잘 친다고요.
오리처럼 알도 낳아요. 오리너구리는 새인가 봐요.
그런데 새끼 오리너구리는 젖을 먹어요.
몸뚱이는 꼭 두더지처럼 생겼고, 몸은 털로 덮여 있어요.
어쩌면 오리너구리는 새가 아닌 것 같아요.
"오리너구리가 도대체 어떤 동물이지?"
과학자들은 곰곰이 생각하다가 옛날 모습을 간직한
포유류라고 판단했지요.
오리너구리는 오스트레일리아 대륙에만 살아요.

▼오리 주둥이를 닮은 오리너구리
예민한 주둥이를 이용하여 물 밑에 사는
가재나 애벌레를 잡아먹어요. 볼주머니가
있어 먹이를 저장하기도 해요.
수컷의 뒷발 발톱에는 독이 있어요.

▲겨울철새, 청둥오리 수컷 수컷의 부리는
노란색이고 암컷은 갈색이에요. 수컷은
머리와 목이 윤기 나는 짙은 녹색이고,
목에는 흰색의 가는 줄이 있어요.

날개가 없는 새도 있어요?

키위를 처음 본 사람은 누구나 고개를 갸웃거려요.
"새일까, 아닐까?"
기다란 부리와 날씬한 두 다리는 꼭 새 같지만 날개가 안
보이거든요. 하지만 키위는 분명 새랍니다. 날개가 너무
작아서 잘 안 보이는 거예요. 아주 옛날에는 키위도 멋진
날개를 펄럭이며 날아다녔어요. 그런데 먹이가 많고,
천적이 없는 곳에
살다 보니 날 일이
없었어요. 결국 키위는
날개가 점점 작아지고,
깃털도 털처럼 변해서
지금과 같은 모습이
되었답니다.

◀날지 못하는 에뮤
키위처럼 호주에 살아요. 에뮤도
날개가 아주 작아져서 날지 못해요.

▲ 날개 없는 새, 키위 키위는 다 자라면 닭만 해져요. 자신의 몸에 비해서
큰 알을 낳다가 죽는 경우가 많아요.

악어처럼 생긴 거북이 있나요?

악어거북을 처음 보면 누구나
헷갈릴 거예요. 짧은 목을 보면 분명
거북 같은데 우툴두툴한 등딱지와
긴 꼬리가 꼭 악어 같거든요.
하지만 악어거북의 먹이 잡는
방법은 아주 온순하답니다.
강바닥에 가만히 엎드려 입을 쩍
벌리고 기다릴 뿐이지요.
가느다란 혀를 살랑살랑

▲머리가 둘 달린 쌍두거북
쌍두거북은 붉은귀거북의 돌연변이예요.
보통의 붉은귀거북은 평균 20년을
살지만, 쌍두거북은 오래 살지 못해요.

흔들면서요. 물고기들이 악어거북의 혀가 먹이인 줄 알고
다가오면 그저 꿀꺽
삼킨답니다.

◀느림보 파충류, 돼지코강거북
파충류는 행동이 재빠르고 공격적이지만
거북은 행동이 느리고 순해요.

▲**악어거북** 악어거북의 암컷은 수컷 정액을 몇 년간 몸 안에 지녀요. 그래서 한 번만 짝짓기를 하고도 여러 해 동안 알을 낳지요.

▼**뱀목거북** 목이 길어서 등딱지 안으로 목을 곧게 넣지 못하고 옆으로 구부려 딱지 밑에 숨겨요.

사람 손보다 작은 원숭이가 있어요?

손바닥에 올라갈 만큼 작은 원숭이가 있어요.
눈이 크고 툭 튀어나온 안경원숭이예요.
어떤 안경원숭이는 눈이 너무 커서 눈 한쪽이 뇌보다
더 무겁대요. 안경원숭이는 낮에는 나뭇가지에 매달려
잠을 자고, 밤에는 나무 위에서 폴짝폴짝 뛰어다니며
벌레를 잡아먹어요.
땅꼬마비단털원숭이도 안경원숭이만큼 작아요.
땅꼬마비단털원숭이는 성질이 사나워서 도마뱀이나 작은
새도 잡아먹어요.

▲땅꼬마비단털원숭이 세계에서 가장
작은 원숭이예요. 몸무게가 100g밖에
안 돼요.

▲남아프리카갈라고 주로 나무 위나 동굴에 살[
곤충이나 작은 동물을 잡아먹어요. 땅에서는
개구리처럼 폴짝폴짝 뛰어다녀요.

▲큰 눈과 작은 몸집의
안경원숭이
몸길이는 10cm 가량으로
작으며, 필리핀과 보르네오
등지에 살아요.

101

황금 원숭이가 있을까요?

온몸이 황금색 털로 뒤덮인 원숭이가 있어요. 얼굴 주위의 털은 사자 갈기처럼 풍성하지요. 그래서 이름이 황금사자콧수염원숭이예요. 황금사자콧수염원숭이는 족제비 정도로 작답니다. 황금사자콧수염원숭이는 정말 길고 멋진 꼬리를 가지고 있어요. 그런데 다른 원숭이들처럼 꼬리로 나뭇가지 따위를 잡지 않고 대신 갈고리 모양의 발톱을 이용해 나무에 올라가요.

▲ 화려한 얼굴의 맨드릴개코원숭이 수컷의 화려한 얼굴만 봐도 다른 동물들이 도망치지요.

▲ 황금대나무여우원숭이 마다가스카르에 살며 판다처럼 대나무를 즐겨 먹어요.

▲ 황금털원숭이 몸 전체에 금빛 털이 나 있어요. '들창코 원숭이'라고도 불러요.

▼사자를 닮은
황금사자콧수염원숭이
얼굴과 목둘레에
숫사자처럼 갈기가
나 있어요.
꼬리가 길지만
꼬리 대신
긴 갈고리 발톱으로
나무를 잡아요.

103

산호는 식물이에요, 동물이에요?

산호는 나무처럼 가지가 있어요. 꽃잎처럼 예쁜 이파리가
흔들리기도 해요. 땅에 뿌리내린 나무처럼 바위에 꼭 붙어
움직이지 않지요. 그래서 사람들은 산호가 식물인 줄
알았어요. 하지만 살랑살랑 흔들리는 꽃잎은 산호의
팔이었어요. 산호는 '촉수' 라고 불리는 이 팔을 움직여
다른 동물을 사냥하는 동물이랍니다. 잡은 먹이는 입으로
먹고, 위장주머니에서 소화시키지요. 그런데 먹고 남은
찌꺼기를 항문이 아니라 입으로 도로 뱉는대요. 산호는
항문이 없거든요.

▲산호의 친척, 말미잘 말미잘과 산호는 똑같이 촉수로 먹이를 잡아요.
단, 말미잘은 하나씩 따로 떨어져 살고, 산호는 무리를 지어 살지요.

▼물고기가 모여 든 가지산호 산호초 주변에는 물고기가 많이 모여요. 그 이유는 물이 따뜻하고 깨끗해 먹이가 풍부하기 때문이에요.

▼촉수를 펼친 진홍나팔돌산호 낮 동안은 촉수를 오므리고 가만히 있다가 밤이 되면 촉수를 활짝 펴고 먹이를 잡지요.

크리스마스섬의 붉은게들은 왜 바닷가로 갈까요?

크리스마스섬의 숲 속에는 붉은게들이 살아요.
가을이 되면 붉은게들은 숲에서 멀리 떨어진 바닷가로 먼
여행을 떠난답니다. 그 숫자가 어찌나 많은지 크리스마스섬
전체가 붉은게로 뒤덮이지요.

아빠 게가 바다 가까운 곳에 굴을 파 주면, 엄마 게는
짝짓기를 끝낸 후 2주 동안 굴 속에서 몸에 알을 품고
있어요. 그 후 바닷가로 나와 달이 뜨기를 기다렸다가
바닷물에 알을 낳아요. 얼마가 지난 뒤 바다에서 자란
새끼 게들은 엄마가 살던 숲으로 가기 위해
먼 길을 떠납니다. 그래서 11월부터
2월까지 크리스마스섬은 붉은게들로
넘쳐나지요.

◀ 땅에서 사는 크리스마스섬 붉은게
물속이 아닌 숲 속에 살아요. 아가미로
호흡하기 때문에 습기가 많은 숲 속에서
땅 구멍을 파고 들어가 살지요.

깃털이 난 뱀도 있어요?

독특한 생김새 때문에 미움을 한 몸에 받던 독뱀이 있어요.
새에게나 있는 깃털이 온몸에 난 사막뿔살무사예요.
그런데 사막뿔살무사에게 진짜 깃털이 난 건 아니에요.
비늘이 꼭 깃털처럼 생겨서 오해를 받았어요.
사실 사막뿔살무사는 크기도 작고, 독도 약해서
위험하지 않답니다.
사막의 미끄러운 모래 위를 다니기 위해
비늘이 깃털 모양으로 톡톡
튀어나온 것 뿐이지요.

▶비늘이 독특하게 생긴 사막뿔살무사
살무사는 머리가 납작한 세모 모양이고,
독이 있어요. 여느 뱀과 달리 배 속에서
새끼로 키워 몸 밖으로 내보내지요.

Animal ③

깜짝깜짝! 놀랍고
신비한 동물

죽은 척하는 동물이 있어요?

돼지코뱀은 무서운 적이 쫓아오면 코브라 흉내를 내요. 머리를 납작하게 만들고 목을 쫙 펼쳐서 코브라와 똑같이 만들지요. 하지만 가끔은 코브라 흉내도 통하지 않아요. 그럴 때 돼지코뱀은 얼른 몸을 뒤집어 배를 드러내고 입을 벌려요. 죽은 척하는 거예요. 죽은 먹이를 먹지 않는 동물들이 많으니까요.

남아메리카에 사는 호아친은 적이 둥우리 가까이 오면 새끼를 보호하기 위해 날개나 다리를 다친 척해서 적을 자신에게 꾀어내요. 적은 마음을 놓고 천천히 호아친에게 다가오지요.

호아친은 어느 정도 둥우리에서 멀리 떨어졌다 싶으면 멀리 도망가 자신도 잡히지 않고 새끼도 보호하지요.

◀다친 척 연기하는 호아친
호아친은 새끼 때 날개에 발톱이 2개 있다는 점에서 시조새(가장 오래된 새)와 비슷한 먼 옛날의 원시적인 새라고 해요.

▼죽은 척하는 돼지코뱀
돼지코뱀은 몸을 뒤집고는
나쁜 냄새를 내뿜으며 죽은 척해요.

카멜레온은 왜 몸 색깔을 바꿀까요?

카멜레온은 주변 환경과
비슷하게 몸 색깔을 바꿔요.
적이 카멜레온을 알아볼
수 없게 말이지요.
동물들 중에는 몸을
주변과 똑같이 만들어
숨는 경우가 많아요.

▶ 가장 큰 카멜레온,
파슨카멜레온 몸길이
약 60cm로, 큰 머리에는
투구 모양의 뿔이 나 있지요.

바다에 사는 쑤기미는 큰 물고기를 만나면 몸을
돌 색깔로 바꿔요. 그럼 큰 물고기가 쑤기미를 알아보지
못하고 지나가지요. 이건 큰 물고기에게도 참 다행이에요.

쑤기미는 강한 독을
가지고 있어서 잘못
먹었다가는 큰일
나거든요.

▲ 풀잎 빛깔의 청개구리 주변 환경(풀잎,
암석, 나무 등)에 맞춰 몸 색깔을 바꿔요.

▲색깔 변신의 마술사, **카멜레온** 햇빛, 온도, 기분에 따라 몸 빛깔을 자유자재로 바꿔요.

▼돌처럼 위장한 **쑤기미** 등지느러미 주위에 두 개의 강한 독침이 있어요.

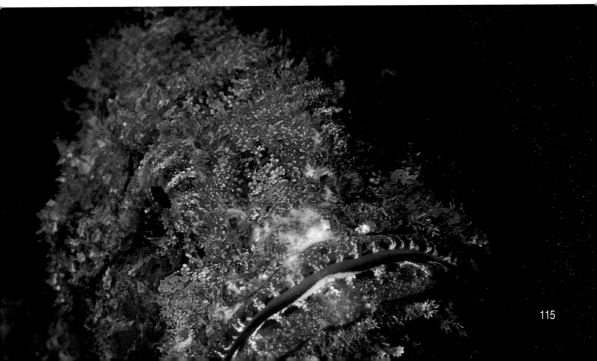

목도리도마뱀은 목도리를 어디에 써요?

무서운 동물이 쫓아오면 힘없는 작은 동물들은 도망가기
바빠요. 목도리도마뱀도 뒷다리로 벌떡 서서 어정어정
달아나지요. 하지만 곧 잡힐 것 같으면 방법을 바꿔요.
목도리처럼 목을 빙 두른 비늘막을 갑자기 확 펼치며 입을
쫘악 벌리지요. 그럼 덩치도 아주 커 보이고 무서워
보인답니다. 목도리도마뱀을 쫓던 무서운 동물도 갑자기
변한 목도리도마뱀을 보고 깜짝 놀라 몸을 움츠려요.
이때 얼른 달아나면 목숨을 구할 수 있겠지요?

▲ 희귀한 파충류, 푸른혀도마뱀
위험을 느끼면 새파란 혀를
길게 내밀어요.

▲ 놀라운 방어술을 가진 뿔도마뱀
공기를 들이마셔 몸을 한껏 부풀리거나
눈에서 피 눈물을 쏘아 적을 위협해요.

▲ 쓸모가 많은 목도리를 가진 목도리도마뱀
목도리를 펼쳐 방어하고 적을 위협하지요.
또 이것으로 암컷을 유혹하고, 체온도 조절해요.

117

잘린 몸이 다시 자라나는 동물이 있나요?

매가 도마뱀의 꼬리를 잡았다면,
그날 사냥은 성공한 것일까요?
아마 매는 도마뱀 꼬리만
가져갔을 거예요.
도마뱀이 매에게 잡힌 꼬리를 뚝
끊어 버리고 도망갔을 테니까요.
도마뱀은 적에게 꼬리를 잡히면
꼬리를 뚝 떼어 버리는 능력이
있어요. 이러한 동물의 생존법을

▲불가사리의 강한 생명력
불가사리는 팔이 잘려도 잘린
곳에서 새로운 팔이 자라나요.

'자절(자기절단)'이라고 해요. 물론 꼬리는 다시
자라난답니다. 들쥐도 적에게 꼬리를 잡히면 꼬리를
통째로 떼어 버리는 대신, 꼬리 가죽만 훌렁 벗어 놓지요.
또 불가사리도 팔이 잘려 나가면 새 팔이 생겨난답니다.
불가사리는 아주 강한 생명력을 가졌거든요.

▲팔이 잘린 불가사리 잘린 팔 하나에서 한 마리의 불가사리가 다시 생겨나지요.

▼꼬리가 잘린 도마뱀 꼬리에 상처를 입으면 꼬리 근육이 굳어져 스스로 떨어져 나가지요. 떨어진 부위는 곧 다시 자라나요.

세상에서 가장 큰 뱀은 뭐예요?

세상에서 가장 큰 뱀은 아나콘다와 그물무늬비단뱀이에요.
몸길이는 그물무늬비단뱀이 더 길지만 몸무게는
아나콘다가 더 많이 나가지요. 성격 고약하기로는
아나콘다보다 그물무늬비단뱀이 앞서요. 그래서
그물무늬비단뱀을 만나면 조심해야 해요. 아나콘다와 그물무늬비단뱀은 둘 다 독이 없지만 큰 덩치로 사람을 감아 누를 수 있어요. 아나콘다와 그물무늬비단뱀은 물을 좋아해서 강이나 연못에서 볼 수 있어요.

▲ 250kg이 넘는 무거운 아나콘다 몸길이
6~10m로 암컷이 수컷보다 커요. 독이 없는 대신
몸통 근육이 발달해 엄청난 힘으로 먹이를 졸라
질식시킨 후 잡아먹어요.

▲ 세상에서 가장 큰 뱀,
그물무늬비단뱀
몸길이가 10m에
달하는 것도 있어요.
새나 포유류를
잡아먹어요.

아기 코알라는 왜 엄마 똥을 먹을까요?

초식동물은 질긴 풀도 아주 맛있게 먹어요. 질긴 풀을 먹는 소의 배 속엔 질긴 먹이를 소화할 수 있는 세균이 살아요. 어미 소는 송아지의 입을 핥아 주면서 입속의 좋은 세균을 물려주지요. 아기 사슴도 이 특수한 세균을 어미 사슴에게 물려받아요. 어미 사슴이 아기 사슴에게 뽀뽀하면서 세균을 물려주거든요. 아기 코알라는 엄마가 독이 있는 나뭇잎을 먹어 독이 빠진 엄마 똥을 먹어요. 엄마 똥을 먹어야 독이 없는 똥 속의 세균을 물려받을 수 있거든요.

▲**되새김질하는 동물, 사슴** 한 번 삼킨 먹이를 다시 게워 내어서 씹은 후, 다시 삼키는 것을 되새김질이라고 해요. 사슴, 낙타, 소는 대표적인 되새김동물(반추동물)이지요.

▲새끼에게 좋은 세균을 주는 어미 소 소화에 필요한 세균이 송아지 장에 자리잡 때까지 어미 소가 침으로 전해 주지요.

▶유칼리나무
잎을 먹는
코알라
어미 코알라는
독이 있는
유칼리나무
잎을 소화시킬
수 있어요.

123

하마는 왜 종일 물속에 있나요?

아프리카의 강과 호수에 커다란
콧구멍들이 둥둥 떠 있다면 틀림없는
하마 떼예요.
하마는 피부가 몹시 약해서 햇빛을
오래 받으면 안 돼요. 피부가 뻣뻣하고 벌개져서 무척
아프니까요. 그래서 하마는 하루 종일 물속에서 지내요.
물속에서 낮잠도 자고, 물속에서 새끼도 낳고, 물속에서
젖도 먹여요. 물론 똥도 물속에서 누지요.

▲ 연어를 잡는 알래스카의 불곰 강물에
들어가 앞발이나 입으로 물고기를 사냥해요.

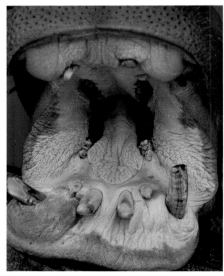

▲ 하마의 이빨 아래턱에 난 길쭉한
송곳니는 악어를 물어 죽일 정도로
강해요.

▲물을 좋아하는 하마 콧구멍과 귓구멍을 닫고 잠수할 수도 있어요.

▼물을 많이 마시는 코끼리 마른 풀과 나뭇가지를 소화시키기 위해 물을 많이 마셔요.

서로 돕는 동물은 누구예요?

토마토동가리는 큰 물고기가 쫓아오면
말미잘 속에 숨어요.
알도 말미잘 아래에 있는 바위에 낳아

▲아프리카들소와 아프리카찌르레기
찌르레기가 들소의 몸에
붙어 있는 진드기를 잡아먹어요.

길러요. 말미잘의 보살핌을 받는
거예요. 말미잘은 독침이 있어서 다른
물고기를 막아주거든요. 말미잘은
토마토동가리 덕분에 먹이를 쉽게 얻을 수 있어요.
토마토동가리가 떨어뜨린 먹이나 토마토동가리를 쫓아온
물고기를 잡아먹거든요. 동물들이 이렇게 서로 돕고 사는
것을 '공생'이라고 해요.

▲ **곰치** 청줄청소놀래기가 입안을
청소할 수 있게 입을 벌리고 있어요.

▲ **청줄청소놀래기** 커다란 곰치의 입속을 마음대[로]
드나들며 곰치의 이빨에 낀 음식 찌꺼기를 먹[어]

▲ 토마토동가리의 사촌, 파랑줄돔
토마토동가리와 함께 자리돔과의
바닷물고기예요. 무리의 대장 암컷이
죽으면 가장 큰 수컷이 암컷으로
변해요.

▲말미잘 속에 숨은 토마토동가리
강한 독이 있는 말미잘은 토마토동가리의 안전한 보금자리예요
토마토동가리는 말미잘의 독침에 한번 쏘이면 면역이 생겨요

올빼미와 부엉이는 어떻게 달라요?

동그랗고 큰 눈, 짧지만 뾰족한 부리, 날카로운 발톱. 올빼미와 부엉이는 참 많이 닮았어요. 하지만 머리 모양이 좀 다르답니다. 올빼미는 귀깃이 없어서 머리가 동그랗지만 부엉이는 귀깃이 뾰족 솟았어요. 하지만 귀깃으로 부엉이와 올빼미를 완벽하게 나눌 수는 없어요. 솔부엉이는 올빼미처럼 귀깃이 없거든요. 하지만 솔부엉이는 발이 노랗고 꼬리가 길어서 올빼미와 좀 다르답니다.

▲ 흰올빼미 다른 올빼미와는 달리 날갯짓 소리를 내면서 날며, 화가 나면 부리로 딱 소리를 내요.

▲ 굴올빼미 올빼미 중에서 가장 작아요.

▲ 올빼미 야행성이지만 낮에 활동하기도 해요.

▲ 올빼미 우리나라의 텃새로 강원도 산악지역에서 드물게 볼 수 있어요. 천연기념물로
   지정해 보호하고 있어요.

▼ 수리부엉이 우리나라 올빼미과 조류 중 가장 크며, 긴 귀깃으로 쉽게 구별할 수 있어요.

▲ 칡부엉이 우리나라에서는 흔한 겨울철새예요.
   수리부엉이, 솔부엉이, 소쩍새 등과 함께
   천연기념물로 지정됐어요.

낙타 혹에는 무엇이 들어 있어요?

볼록 솟은 낙타의 혹 속에는 기름덩어리가 들어 있어요.
낙타는 물도 마시지 않고, 먹지 않아도 오랫동안
견딜 수 있어요. 몸에 필요한 물과 영양을 혹 속의
기름덩이에서 뽑아내거든요.
그래서 오랫동안 물과 먹이를 먹지 못하면,
낙타 혹이 홀쭉해져요. 낙타는 물을 아끼기 위해
많은 노력을 해요. 땀도 거의 흘리지 않고,
오줌도 아주 조금 누고, 똥도 바짝 마른 것을 눠요.
물을 만나면 한 번에 아주 많은 양을 마셔서 몸에 모아두지요.

▲혹이 한 개인 단봉낙타 혹 등이 한 개 있으며,
발이 크고 납작해서 모래 위를 잘 걸을 수 있어요.

▲낙타의 눈썹과 콧구멍
속눈썹이 길고 콧구멍을
여닫을 수 있어
모래바람이 불어도
끄떡없어요.

▼혹이 두 개인 쌍봉낙타
혹 등이 두 개 있으며, 단봉낙타보다
튼튼해서 짐을 나르는 데 이용해요.
추운 암석사막에 살지만 털이 많아서
추위를 잘 견뎌요.

새끼 캥거루는 어디에서 자라요?

갓 태어난 새끼 캥거루는 너무 작고
약해서 혼자 클 수 없어요. 그래서 어미
캥거루가 배에 있는 주머니(새끼를
기르는 육아낭)에 새끼를 넣어 키우지요.
새끼 캥거루는 태어나자마자 엄마의
털을 잡고 힘겹게 주머니로 올라가요.
새끼 캥거루는 6~12개월 동안 어미
주머니 속에서 영양 많은 젖을 먹고 자라요.
캥거루처럼 주머니에서 새끼를 키우는 동물에는 코알라,
주머니쥐, 주머니고양이 등이 있어요.

▲ 나무 위의 코알라
갓 태어난 새끼를 육아낭에서
키우다가, 다 자랄 때까지
등에 태우고 다녀요.

▲ 주머니쥐 육아낭에서 새끼를 키우는
동물 중, 유일하게 아메리카 대륙에 살며
한 번에 6~12마리의 새끼를 낳아요.

▲ 산책하는 주머니고양이 가족
황록색의 몸에 흰 얼룩점이 나 있어요. 한 배에
4~8마리의 새끼를 낳아 육아낭에서 키워요.

◀어미 육아낭 속에서
자라는 새끼 캥거루
갓 태어난 새끼는 크기 약
2.5cm, 몸무게 약 1g으로 매우
작아요. 6~12개월 정도 어미의
육아낭에서 살아요.

133

납작뿔도마뱀의 가시는 무슨 일을 해요?

납작뿔도마뱀은 가시로 물을 모아요.
납작뿔도마뱀의 가시와 가시 사이에는 구멍이 있는데,
물이 가시에 닿으면 쪼로로 흘러 구멍 속으로 들어가지요.
밤이슬이 가시에 맺혀도 날아가지 않고 가시로 흘러들어요.
이렇게 흐른 물은 머리 쪽의 주머니에 모인답니다.
납작뿔도마뱀은 물이 필요할 때마다 턱을 움직여 주머니
속의 물을 마시지요.
적이 공격하면 가시로 찌르는 것은 물론이고요.

▼납작뿔도마뱀
사막에 사는 납작뿔도마뱀은 물 모으는 가시 덕분에
물을 찾아 헤매지 않아요. 또 웅덩이를 발견하면
힘들여 먹는 대신 풍덩 물속에 빠지기만 해도
물주머니에 물을 모을 수 있어요.

최고의 엄마 동물은 누구일까요?

바다거북은 모래 속에 알을 낳은 뒤 혼자 바다로 돌아가
버려요.

동물 중에는 이렇게 새끼를 돌보지 않는 경우가 많아요.

하지만 문어는 목숨을 다해 새끼를 지킨답니다.

문어는 바닷속 바위 동굴에 포도송이 같은 알을 낳고,

적들이 알을 공격하지 못하도록 동굴 앞을 꼭꼭 지켜요.

아무리 무서운 적이 나타나도 절대 비키지 않아요.

특히 왜문어는 세 달 동안 동굴을 깨끗이 청소하며 새끼가
깨어날 때까지
기다려요.
먹이도 먹지 않고
기다리다가 새끼가
깨어날 때까지 너무
지쳐 죽고 말지요.

◀새끼를 돌보지 않는 바다거북
해변가 모래 속에
100~200개의 알을 낳고는
바로 바다로 돌아가요.

◀알에서 깨어 나고 있는
문어의 알
문어는 한 번에 수만 개의
알을 낳아요. 어미는 아무것도
먹지 않고 알을 보호하다가,
알이 깨어날 때 쯤 죽지요.

최고의 아빠 동물은 누구예요?

아빠 황제펭귄의 자식 사랑은 정말 대단해요.
엄마 황제펭귄은 남극의 차가운 얼음을 피해 아빠 황제펭귄의
발 위에 한 개의 알을 낳아요.
아빠 황제펭귄은 두툼한 뱃가죽으로 알을 덮은 뒤, 두 달이
넘게 아무것도 먹지 않고 애지중지 알을 품어요.
그동안 엄마 황제펭귄은 바다에 나가 새끼에게 줄 먹이를
잡아 오지요. 아빠 황제펭귄은 그제야 바다로 나가 먹이를
먹는답니다.
추운 남극에서 아기
황제펭귄이 잘 자랄 수
있는 것은 이렇게 엄마와
아빠가 살뜰하게 돌보기
때문이에요.

▲ 자상한 아빠, 열동가리돔 수컷은 암컷이
낳은 알을 입안에서 품고 깰 때까지 돌봐요.

▶ 황제펭귄의 지극한 자식 사랑
황제펭귄은 추운 겨울 남극에서 알을 낳는 유일한 동물이에요.
수컷은 영하 60도의 강추위 속에서 60여 일 동안
아무것도 먹지 않고 알을 품어요.

젖을 먹이는 새도 있나요?

포유류는 새끼를 낳아 젖을 먹여요.
개는 강아지에게 젖을 먹이고, 소는 송아지에게 젖을
먹이지요. 하지만 새나 뱀, 개구리처럼 알을 낳는 동물들은
새끼에게 젖을 먹이지 않아요. 그런데 분명 알을 낳는
비둘기는 알에서 새끼가 깨어나면 새끼의 깃털이 나기
시작할 무렵까지 젖을 먹여요. 깃털이 나기 전 새끼 비둘기의
먹이주머니를 보면 젖 같은 액체를 볼 수 있답니다.

▲ 먹이를 구해 온 딱새 우리나라의
텃새로, 한 배에 5~7개의 알을 낳아요.
꽁지를 위아래로 흔들며 울지요.

▲ 부리로 먹이를 주는 진박새 새끼에게
먹이를 줄 때 부리를 이용해요. 진박새는
딱정벌레, 나비, 매미 등을 잡아먹어요.

▲ 새끼에게 젖을 먹이는 염주비둘기
어미 비둘기 목 안쪽의
모이주머니에서 젖이 흘러 나와요.
그래서 갓 태어난 비둘기는 어미의
주둥이 속에 부리를 넣고 젖을
빨아 먹지요. 젖을 먹은 새끼는
튼튼하게 자라요.

◀ 젖을 먹이는 새, 홍학
홍학은 다리와 목이 길고 부리가
구부러진 새예요. 비둘기처럼 젖을
먹여 새끼를 키우지요.

물을 먹지 않는 동물이 있어요?

동물은 물 없이 살 수 없어요. 하지만
캥거루쥐는 평생 동안 물을 한 방울도
먹지 않고도 건강하게 살아요.
캥거루쥐의 먹이인 씨앗, 선인장, 풀잎
속에 약간의 물이 들어 있거든요.
캥거루쥐는 먹이에 들어 있는 물을 아주
알뜰하게 써요. 몸 밖으로 내보내지
않으려고 땀도 흘리지 않고 오줌도 아주
진하게 눠요. 심지어는 숨을 쉴 때
나가는 습기도 다시 들이마셔요.
이렇게 꼭꼭 챙긴 덕에 물을 따로 먹지 않고도 산답니다.

▲ 이빨이 독특한 다람쥐
다람쥐, 캥거루쥐, 생쥐 등을
설치류라고 해요. 모두
앞니가 날카롭게 솟아
있지요.

▲ 친근한 애완동물, 햄스터 설치류로
낮에는 굴 속에서 잠을 자고 저녁
무렵에 활동해요.

▲ 청서 설치류는 힘이 약해 육식동물의
먹이가 돼요. 하지만 번식력이 강해,
가장 종류가 많은 포유류예요.

▲ 캥거루쥐
　몸길이는 10~18cm이고 꼬리는 좀 더 길어요.
　긴 뒷다리로 2.5m 이상 높이 뛸 수 있지요.
　바위 밑에 굴을 파고 살면서 주로 밤에 활동해요.

누가 가장 빨리 달리나요?

호랑이, 표범, 치타 같은 동물들은
사람보다 훨씬 빨라요. 다리가 네 개이고,
근육이 발달해서 빨리 달릴 수 있지요.
네 발 동물 중에 최고의 달리기 선수는
치타예요. 치타는 늘어났다 줄어드는
부드러운 등뼈와 튼튼한 다리 근육, 긴
발톱 덕분에 잘 달릴
수 있어요. 하지만
오래 달릴 수는 없어요.
겨우 20초 만에 지쳐버리거든요.
영양도 아주 빨라요. 치타만큼
빠르지는 않지만 훨씬 오랫동안 달릴
수 있어요.

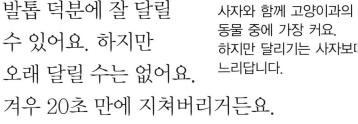

▲아주 큰 고양이, 호랑이
사자와 함께 고양이과의
동물 중에 가장 커요.
하지만 달리기는 사자보[다]
느리답니다.

◀타조의 튼튼한 발
튼튼한 발 덕분에 시속 90km까지
달릴 수 있어요. 타조가 발로
걷어차면 사자도 나가떨어져요.

144

▲달리기 1등, 치타 포유류 중 단거리를 가장 빨리 달릴 수 있으며 최고 시속 110km정도예요.

▼달리기 2등, 영양 달리기에 알맞게 몸과 발이 가늘며, 시속 100km정도로 달려요.

표범과 치타는 어떻게 달라요?

고양이처럼 귀여운 얼굴, 누런 털, 검은 얼룩무늬……. 치타와 표범은 겉모습이 참 닮았어요. 하지만 자세히 보면 치타의 얼룩무늬는 붓으로 찍어 놓은 점 모양이고, 표범의 얼룩무늬는 가운데 뚫린 고리 모양이에요. 치타는 눈 밑부터 입까지 검은 줄무늬가 있는데 표범은 없어요.

▲사자와 닮은 퓨마
산사자라고도 불러요.

치타는 달리기를 잘 하고, 표범은 나무에 잘 올라요.
표범은 자기 덩치만큼 큰 먹이를 물고도 나무에 잘 올라가요. 하이에나에게 뺏기지 않으려면 나무 위에서 먹어야 하니까요.

◀표범과 닮은 재규어
표범과 비슷하게 생겼지만 얼룩무늬 중앙에 검은 점이 있으며 몸이 훨씬 커요.

치타

◀가장 빠른 단거리 선수, 치타
몸 전체는 누런 바탕에 검은 얼룩점이 나 있어요.
또 양쪽 눈가부터 입까지 검은 줄이 나 있지요.
다 자라면 나무에 잘 오르지 못해요.

표범

▶나무에 잘 오르는 표범
표범의 몸에 나 있는 얼룩점은 치타와 달라요.
검은 점 몇 개가 모여 한 개의 얼룩점을
만들고 있거든요. 또 표범은 자라서도 나무에
잘 오르기 때문에 먹이를 나무 위로 옮겨서 먹어요.

달팽이는 왜 껍데기가 있을까요?

달팽이의 몸은 아주아주 연하고 약해요.
단단한 껍데기가 없으면 몸을
보호하기 어렵지요.
하지만 달팽이 껍데기가 태어날 때부터
단단한 건 아니에요. 아주 얇은 껍데기로
태어났다가 자라면서 단단해지지요.
그런데 단단한 달팽이 껍데기에도
가끔 구멍이 생겨요.
달팽이는 얇은 막으로 구멍을 막는데,
2주일 쯤 지나면 구멍이 완전히 메워지지요.

▲집게 새우와 게의 중간
모습이에요. 뒤에 있는
두 쌍의 걷는 다리를 죽은
조개류의 껍데기에 박고
끌고 다녀요.

▼달팽이 몸의 구조

껍데기
달팽이가 자라면서
고둥처럼 생긴 껍데기도
점점 자라고 단단해져요.

발
평평하게 생겼고
끈적끈적한 액체(점액)를
내보내면서 미끄러지듯이
나아가요.

큰더듬이(큰촉각)
한 쌍이 있으며 끝에
눈이 있어요. 밝고
어두운 것만 느껴요.

작은더듬이(작은촉각)
한 쌍이 있으며
냄새와 맛을 느낄
수 있어요.

입
작은더듬이 아래쪽 얼굴에 있으며,
'치설(혀에 난 이빨)'로 식물의 잎을
갉아먹어요.

▼흙 속에 알을 낳는 달팽이
축축한 흙에 구멍을 파,
수십 개의 알을 낳아요.
암수가 한 몸(자웅동체)
이지만 두 마리가
서로 짝짓기를
해야 해요.

▼껍데기가 없는 민달팽이
껍데기가 있는 달팽이보다 더
축축하고 어두운 곳에 살아요.

바다풀처럼 생긴 물고기가 있어요?

해룡은 물고기예요.
하지만 바닷속에서 해룡을
만나면 바다풀로 착각할지도
몰라요. 구별하기 어려울 정도로
바다풀과 닮았으니까요.
해룡은 몸에 바다풀 같은
지느러미를 치렁치렁 달고 다니고,

▲나뭇잎물고기 몸이 옆으로
심하게 납작하며, 나뭇잎
모양이에요.

헤엄칠 때도 물결에
떠내려가는
바다풀처럼 천천히
움직여요. 게다가
몸에 비늘이 없어서
물고기랑은 하나도
안 닮았지요. 해룡의
몸은 갑옷처럼 단단한
판이 온몸을 감싸고
있지요.

▲나뭇잎처럼 생긴 나뭇잎나비 나비 날개와
나뭇잎이 구분이 가지 않을 정도로 똑같아요.

▲바다풀을 닮은 해룡
  수컷이 꼬리에 알을 붙이고 알이
  깨어날 때까지 품고 다녀요.

◀나뭇잎을 닮은 나뭇잎물고기
  행동이 둔해 의태(어떤 모양과
  비슷하게 흉내냄)를 하여
  스스로를 보호해요.

가장 오래 사는 동물은 누구일까요?

가장 오래 사는 동물은 거북이에요.
바다거북은 보통 200살 가까이
살지요.
물고기 중에서는 철갑상어가 100살도 넘게
살아요. 육지에 사는 동물 중에는 코끼리가
오래 살아요. 코끼리는 70살까지 살 수
있거든요.
새들 중에는 금강앵무가 오래
살아요. 두루미도 오래 살아요.
86살까지 산 두루미도
있답니다.

▲ 두루미
무리 지어 생활하며 평균
40~50년을 살아요.

▲ 철갑을 두른 철갑상어 몸통은 굳비늘(널빤지
모양의 물고기 비늘)로 덮여 있어요. 철갑을 두른
것 같아서 철갑상어라고 불러요.

▲ 청금강앵무 몸길이 85~90cm에
이르는 큰 앵무새예요. 튼튼한 부리로
나무를 잡고 오르기도 해요.

▼바다거북
네 다리가 지느러미 모양이어서 수영을 잘해요.
주로 바다에서 자라는 해파리를 먹고 살아요.

가장 큰 동물은 누구예요?

3장 · 놀랍고 신비한 동물

세계에서 가장 큰 동물은 바다에 사는 흰긴수염고래예요.
땅에서 가장 큰 동물인 코끼리를 스물일곱 마리 합쳐 놓은
것만 해요. 이렇게 큰 덩치가 땅에 산다면 아마 걷지도 못
할 거예요. 하지만 바닷속이라 날렵하게 헤엄쳐
다닌답니다. 흰긴수염고래는
덩치만큼 아주
많이 먹어요.

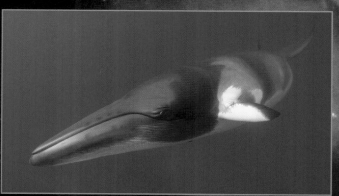

▲가장 작은 고래, 밍크고래 돌고래처럼 생겼으며
최대 몸길이가 10m정도, 몸무게는 13t 정도예요.

물을 몽땅 들이마신 다음, 수염 사이로 물을 내보내고
크릴과 같은 작은 무척추동물을 걸러 먹지요.

▲가장 큰 동물, 흰긴수염고래
최고 33m까지 자라고 수명이 약 100년 이상이며,
검은색 수염을 가지고 있어요. 호흡할 때
분기(고래가 물 위로 떠올라 숨을 내쉬는 것)의 높이가
10~15m정도 달해요.

아프리카코끼리와 아시아코끼리는 달라요?

아프리카코끼리는 아프리카 초원에
살고 아시아코끼리는 인도와
동남아시아의 밀림에 살아요.
아프리카코끼리가 아시아코끼리보다
덩치가 훨씬 커요. 아프리카코끼리는
아시아코끼리보다 귀도 훨씬 커요.
큰 귀를 통해 몸의 열을 밖으로
내보내려고요. 아프리카코끼리는
코끝에 돌기가 두 개지만 아시아코끼리는 하나예요.

▲ 거대한 아프리카코끼리 사하라사막
이남의 아프리카에 널리 분포되어
있으며, 열매, 나뭇가지 등을 먹어요.

그래서 아프리카코끼리는
코끝으로 물건을 잡을 수
있지만, 아시아코끼리는
코로 휘감아서 물건을
잡아요.

◀아시아코끼리 수컷과 암컷
수컷의 상아는 길게 자라지만
암컷은 아프리카코끼리의
암컷과 달리 상아가 없어요.

아프리카코끼리

등
가운데가
움푹해요.

귀
아시아
코끼리보다
3배 정도 커요.

피부
굵은 주름들이
많이 있어요.

머리
볼록한 혹이
1개 있어요.

상아
3.7m로 암, 수 모두
길게 자라요.

코
돌기가 2개예요.

아시아코끼리

등
평평하고 둥글어요.

귀
아프리카
코끼리보다
귀가 작아요.

피부
주름이
가늘고
많아요.

머리
혹이 2개 있어요.

상아
수컷은 약 3m정도
자라지만 암컷은
상아가 없어요.

코
돌기가 1개예요.

게는 모두 옆으로 걷나요?

농게는 커다란 집게발을
번쩍 들고 옆으로, 옆으로
걸어요. 다리끼리 너무 꼭
붙어 있는 데다 맨 앞의
집게발이 너무 커서 앞으로
걸을 수 없답니다.
하지만 모든 게가
다 옆으로 걷는 건 아니에요.

▲농게 수컷의 큰 집게다리는 붉은 빛을
띠며, 길이가 5cm에 달해요.

밤게는 다리가 가늘고 몸 아래 부분에 나 있어 앞으로
걸어요. 대게는 어느 방향이든 자유롭게 걸을 수 있어요.
다리가 매우 길어서 어느 방향으로 걸어도 편하답니다.
대게는 먹이가 없으면 동족끼리 잡아먹으며, 그것도 없으면
자기 다리를 잘라서 먹기도 해요.

▲ 한쪽 집게다리가 큰 농게 수컷 적이 집게다리를 잡으면 스스로 집게다리를 떼어 버리고
도망가요. 잘린 집게다리는 다시 생겨나요.

▼ 귀엽고 앙증맞게 생긴 유령게 잡식성으로 해변에서 땅굴을 파고 살아요.

백상아리의 이빨은 몇 개예요?

백상아리는 과일칼만큼 크고 날카로운 이빨이 여러 줄 늘어서 있어요. 이 무시무시한 이빨을 모두 세어 보면 300개도 넘어요. 사냥하다 이빨이 빠져도 걱정 없어요. 더 크고 튼튼한 이빨이 새로 나니까요. 그런데 상어의 이빨이 다 크고 무시무시한 건 아니에요. 새우나 플랑크톤처럼 작은 먹이를 먹는 돌묵상어는 이빨이 아주 작아요. 돌묵상어의 이빨은 먹이를 거르는 데 쓰기 때문이지요.

▲ 온순한 돌묵상어 거대한 몸체와는 달리 온순해 사람을 공격하지 않아요. 몸에 비해 이빨은 아주 작으며, 촘촘하게 나 있어요.

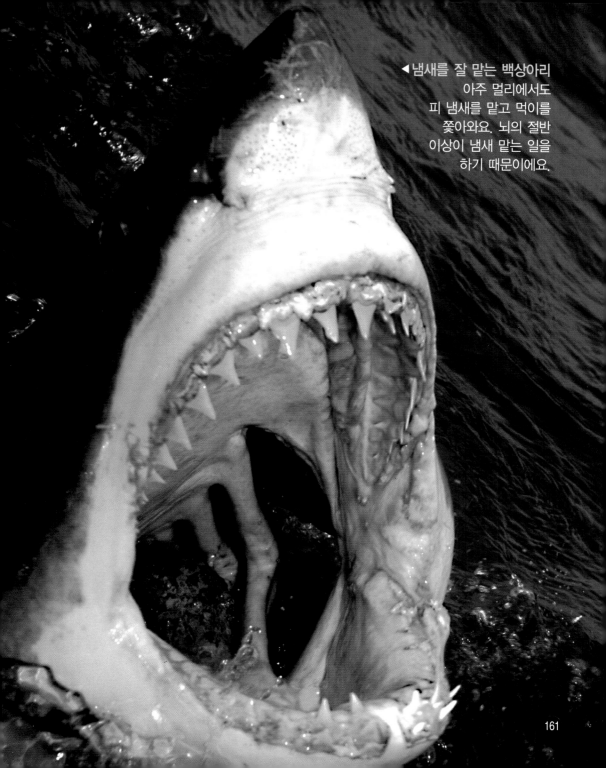

◀ 냄새를 잘 맡는 백상아리
아주 멀리에서도
피 냄새를 맡고 먹이를
쫓아와요. 뇌의 절반
이상이 냄새 맡는 일을
하기 때문이에요.

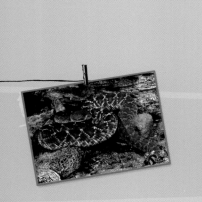

Animal ④

오싹오싹! 독이 있고
무서운 동물

모든 뱀은 다 독이 있나요?

뱀이라고 다 독이 있지는 않아요. 살모사, 코브라, 산호뱀,
방울뱀, 바다뱀 등이 독을 갖고 있지요. 독뱀의 독은 양쪽
볼에 있는 독샘에서 만들어져 독이빨에 난 구멍으로
나와요. 독뱀 중에 가장 강한 독을 가진 뱀은 호주에 사는
타이판이라는 독사예요. 왕코브라나 살모사보다도 더
무시무시한 독을 가졌지요. 그런데 뱀을 만나면 독뱀인지
아닌지 어떻게 알 수 있을까요? 머리 모양이 둥근 뱀이면
안심해도 돼요. 독뱀의 머리는 거의 세모 모양이거든요.

▼가장 큰 방울뱀, 동부다이아몬드방울뱀
　눈과 콧구멍 사이에 난 구멍으로 주위의 열을 느껴서 먹이를 잡아먹어요.

▲가장 독이 센 뱀, 타이판 왕코브라보다 독이 수십 배나 강해요. 한번 물리면 온몸이 마비돼요.

▼가장 빠른 독사, 검은맘바 몸의 반 이상을 띄운 채 움직이는데, 무척 빠르고 사나워요.

독사를 잡아먹는 동물도 있어요?

몽구스는 독사를 보면 재빠르게 잡아서
날카로운 이빨로 깨물어 먹어요.
　몽구스가 하도 빨라서 독사는 미처 힘을
　써 보지도 못 하고 잡히기 일쑤지요.
　　하지만 몽구스도 때때로 독사한테 물린답니다.
　　그래도 쓰러지거나 죽지 않아요.
　　몽구스는 이미 독사의 독에
　　면역이 되어 있기 때문이에요.
　　하지만 몽구스는 독사보다 곤충이나 새알을
　　더 좋아한대요.

◀코브라 사냥꾼, 몽구스
작은 몸집의 몽구스는
재빠른 몸놀림으로
코브라를 잡아먹어요.
올빼미, 독수리, 매 등도
뱀을 잡아먹지요.

독화살개구리는 화살처럼 생겼나요?

독화살개구리는 보통 개구리처럼
생겼어요.
몸 색깔이 빨강, 파랑, 노랑으로 아주
화려할 뿐이에요.
화려한 몸 색깔은 "나는 독이
있어!"라는 경고예요.
독화살개구리의 독은 뱀이 삼켰다가
도로 뱉어낼 정도로 강하거든요.
옛날 아마존 인디언들이 이 개구리의
피부에서 독을 얻어 독화살을 만들었어요.
그래서 독화살개구리라는 이름이 붙게 되었지요.

▲칠성무당벌레 붉은 무늬로,
자신이 맛없는 진물을 내는
곤충이라는 것을 알려요.

◀몸 전체가 빨간 토마토개구리
피부에서 나오는 액체에는
독이 있어요. 적이 나타나면
몸을 부풀려요.

▲**독화살개구리** 위협을 당하면 피부에서 독을 내뿜는데, 뱀도 꼼짝 못 해요.

▼**천적이 없는 독개구리** 독이 너무 강해서 독에 대한 면역력이 강한 동물도 잡아먹지 못해요.

바다에서 가장 위험한 동물은 누구예요?

흐물흐물 힘없어 보이는 해파리가 무척 위험해요.
많은 해파리가 독을 가지고 있거든요.
특히 상자해파리는 사람을 육십 명이나
죽일 수 있을 정도로 강한 독을 가지고 있어요.
우리나라 바다에 사는 보름달물해파리,
노무라입깃해파리도 독이 있어요.
다행히 사람을 죽일 정도로 강하지는 않아요.

▲동그랗고 투명한 물해파리
우리나라 바닷가에서 흔히 볼 수 있어요. 독은 없지만
워낙 많아, 고기잡이배나 발전소 기계에 문제를 일으켜요.

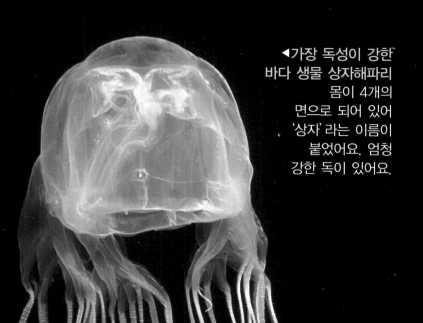

◀가장 독성이 강한
바다 생물 상자해파리
몸이 4개의
면으로 되어 있어
'상자'라는 이름이
붙었어요. 엄청
강한 독이 있어요.

▼주황빛을 띠는
붉은쐐기해파리
몸체에 30여 개의
긴 촉수가 달려
있어요. 해파리는
촉수로 느끼고
먹이를 잡아먹지요.

세상에서 가장 큰 독거미는 누구일까요?

세상에서 가장 큰 독거미는 털보거미예요. 다 큰 털보거미는 30cm나 돼요. 덩치만 컸지 털보거미는 순하고 독도 약해요. 그래서 애완용으로 기르는 사람들도 많지요. 하지만 야생에서 사는 털보거미는 새, 쥐, 작은 뱀도 직접 사냥하는 용감한 동물이랍니다. 정말 무서운 독을 가진 거미는 어른 엄지손톱만큼 작은 검은과부거미 암컷이에요. 검은과부거미는 강한 독을 이용해 뱀, 도마뱀, 전갈 등을 잡아먹어요.

▼거미 몸의 구조

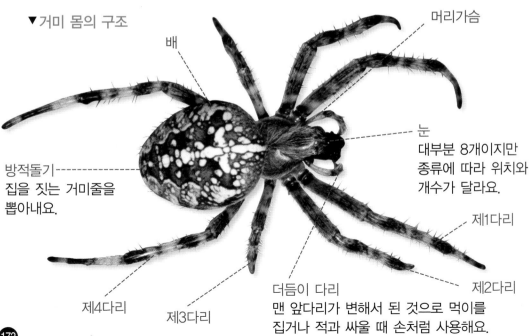

배

머리가슴

방적돌기
집을 짓는 거미줄을
뽑아내요.

눈
대부분 8개이지만
종류에 따라 위치와
개수가 달라요.

제1다리

제2다리

더듬이 다리
맨 앞다리가 변해서 된 것으로 먹이를
집거나 적과 싸울 때 손처럼 사용해요.

제3다리

제4다리

172

▲털보거미 중 가장 큰 왕털보거미 왕털보거미 중에는 발 길이만 30㎝가 되는 것도 있어요.

▼꼬마거미, 검은과부거미 몸길이 2.5㎝정도이며, 독이 있어 물리면 심한 통증을 느끼지요.

물속에도 거미가 살까요?

물거미는 물속에 공기방울 집을 짓고 살아요.
물속에서 물고기나 곤충을 잡으면 공기방울 집으로 가지고
와서 먹는답니다. 헤엄을 칠 때나 거미줄을 타고 돌아다닐
때는 공기방울을 배에 매달고 다니며 숨을 쉬어요. 물거미는
아가미가 없어서 물속에서 숨을 쉴 수 없으니까요.
땅속에 사는 거미도 있어요. 사립문닫이거미는 땅속에
구멍을 파고 다른 곤충이 지나가기를 기다려요.

사립문닫이거미는 구멍
위로 지나가는 곤충을
잽싸게 끌고 들어가
잡아먹지요.

◀호랑이를 닮아 긴호랑거미
검정, 노랑 등 무늬가 호랑이를 닮아
호랑거미라 불려요. 둥근 거미줄
가운데 갈지자(之) 모양의 거미줄을
쳐 큰 곤충을 잡아먹어요.

▲공기주머니집에 사는 물거미 물속의 물풀이나 바위에 종 모양의 공기방울집을 짓고 살아요.

▼날렵한 사립문닫이거미 거미줄을 치지 않는 거미로 거미줄 치는 거미와는 비교할 수
  없을 정도로 날렵해요.

사람보다 더 큰 조개도 있나요?

'조개' 하면 우리가 먹는 작은 조개들이 떠오르지요?
하지만 대왕조개는 몸무게가 다 큰 사자만 하고,
크기는 웬만한 어린이보다 커요.
힘도 얼마나 세다고요.
입을 벌린 대왕조개 안으로 손을 집어넣었다가
대왕조개가 입을 꽉 닫으면 다시는 뺄 수 없을 정도예요.
대왕조개는 어릴 적에 산호에 꼭 붙어살다가 다 자란
뒤에는 산호초 위에 누워 지내요.

▲ 강한 독이 있는 텍스타일청자고둥 껍데기가 고깔 모양이고, 껍데기에
화려한 옷감 무늬가 있어요. 강한 독이 있어 쏘이면 죽을 수도 있지요.

▼가장 크고 무거운 대왕조개
 껍데기의 입구에 5개의 굴곡이 있어요.
 속 껍데기는 화려한 빛깔을 띠어
 장식용으로도 쓰여요.

작고 예쁜 갯민숭달팽이가 왜 위험해요?

갯민숭달팽이는 바다의 호랑나비 같아요.
알록달록 화려한 색깔에 무늬까지 아주 예쁘니까요.
하지만 바닷속 동물들은 갯민숭달팽이에게 함부로
다가가지 않아요.
갯민숭달팽이의 예쁜 색깔은 "난 독이 있어. 가까이 오면
후회할걸." 하는 경고니까요.
갯민숭달팽이는 다른 조개들처럼 딱딱한 껍데기 집을
만드는 대신 독을 만들어 제 몸을 보호하지요.

▲ 화려하지만 독이 있는 갯민숭달팽이
조개와 같은 연체동물이에요.
몸을 보호하는 껍데기가 없는 대신,
독을 뿜어 큰 물고기도 공격해요.

▲ 바다의 토끼, 군소
한 쌍의 더듬이가 토끼 귀처럼 보여서
'바다의 토끼'라고 불러요.
건드리면 색소를 내뿜어 경고해요.

▼바다의 꽃, 갯민숭달팽이
화려한 색깔과 무늬로,
독이 있으니 다가오지
말라고 천적에게
경고해요.

흡혈박쥐는 사람 피도 빨아 먹을까요?

흡혈박쥐는 낮에는 어두운 동굴이나 빈 나무 속에 숨어 있다가 밤이 되면 소, 말, 당나귀 등의 동물을 찾아가요. 동물의 따뜻한 피를 빨아 먹기 위해서예요. 흡혈박쥐는 특별히 사람을 찾아다니지는 않아요. 하지만 사람이 곁에 있으면 사람의 피도 빨아 먹지요. 흡혈박쥐는 자고 있는 동물에게 살금살금 다가가 날카로운 이빨로 아웅! 상처를 내고 피를 핥아 먹지요. 그런데 흡혈박쥐가 이빨로 무는 동안에도 동물들은 잠에서 깨지 않아요.

▲**피를 빨아 먹는 체체파리** 열대 아프리카에 살며 사람과 동물의 피를 빨아 먹어요. 체체파리에게 물리면 줄곧 잠에 빠져 있다가 깨어나지 못할 수도 있어요.

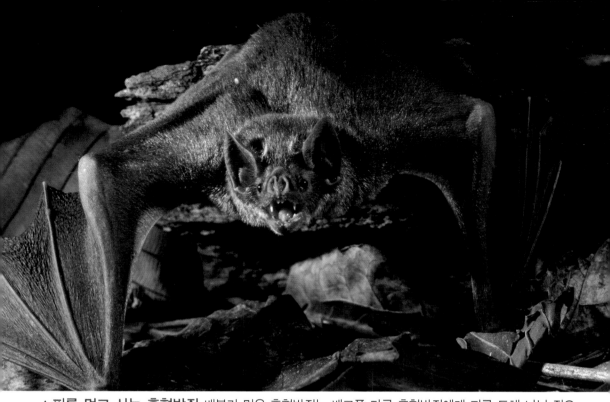

▲**피를 먹고 사는 흡혈박쥐** 배불리 먹은 흡혈박쥐는 배고픈 다른 흡혈박쥐에게 피를 토해 나눠 줘요.

▼**고리모양의 마디(체절)로 된 거머리** 사람이나 물속에 사는 동물의 피부에 달라붙어 피를 빨지요.

독이 있는 문어가 정말 있어요?

청색고리문어는 손바닥만 한 작은 문어예요. 하지만 절대 만만한 동물이 아니에요. 위험을 느끼면 온몸에 파란 점이 나타나 "건드리지 마. 나 독 있어." 하고 경고하지요. 그래도 적이 건드리거나 위협하면 독샘에서 만든 강한 독으로 적을 공격해요. 청색고리문어의 독은 복어의 독만큼 강해서 물리면 15분 만에 죽을 수 있어요. 청색고리문어는 적이 덤빌 때 뿐만 아니라 먹이를 사냥할 때도 독을 사용해요.

▲이빨 밑에 강한 독선이 있는 곰치 낮에는 바위 틈에서 잠을 자고 밤에 먹이를 찾아 나서요.

◀복어 한 마리 독으로 어른 30명을 죽일 수 있어요. 동물이 만드는 독 중에서 가장 강해요.

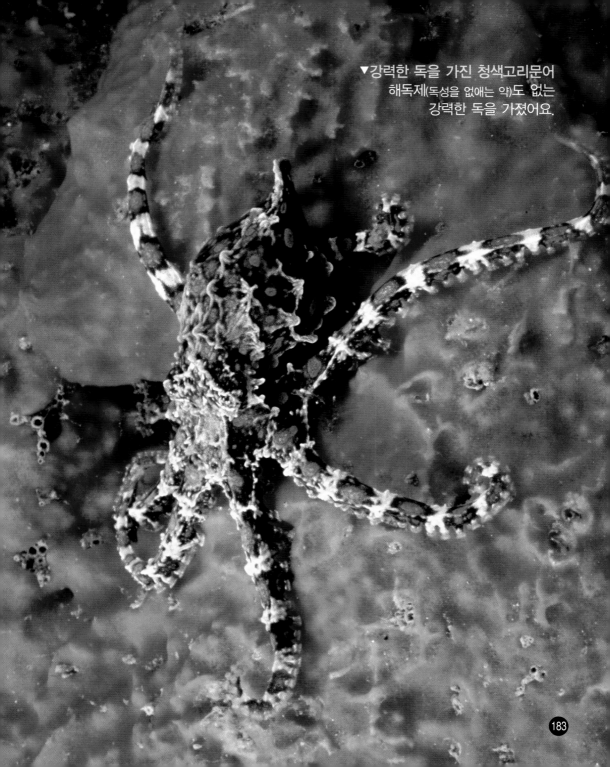

▼강력한 독을 가진 청색고리문어
해독제(독성을 없애는 약)도 없는
강력한 독을 가졌어요.

산미치광이는 어떤 동물이에요?

호저라고도 부르는 산미치광이는
온몸에 삐죽빼죽 가시 털이 돋아
있어요. 가시보다 바늘이 더
어울리는 날카로운 털이지요.
호저의 가시는 한번 살에 박히면
낚시 바늘처럼 잘 빠지지 않아요.

▲고슴도치 적을 만나면 가시 털을
세워 몸을 공처럼 둥글게 말아요.

오히려 피부를 더 깊이 뚫고 들어가지요.
그래서 호저의 가시에 찔린 동물은 목숨을 잃기도 해요.
이렇게 날카로운 호저의 가시도 갓 태어났을 때는 참
보드라워요. 하지만 며칠 지나면 아주 빳빳하고 날카로워져
아기 호저의
몸을
지켜준답니다.

◀바늘두더지 바늘
모양의 가시 털을
세우고 몸 전체를
둥글게 말아서
적으로부터 보호해요.

▼뒤로 공격하는 호저
적을 만나면 꼬리의 가시를 세운 후
몸을 뒤로 돌려 공격해요.

스컹크는 고약한 방귀를 왜 뀌나요?

스컹크는 웬만해서는 방귀를 뀌지 않아요.
적이 나타나면 발을 구르고, 꼬리를 바짝 쳐들고
엉덩이를 보여 줘요.
그래도 적이 달아나지 않으면
하는 수 없이 고약한 방귀를
뀌어요. 스컹크의 방귀는 사람의
방귀처럼 기체가 아니라 물 같아요.
이 물이 코나 입에 들어가면 오랫동안
화끈화끈 야단이 나지요.
고약한 냄새도 몸에 배어 오랫동안
남는답니다.

▲족제비
적의 공격을 받으면 항문 안쪽에
있는 항문샘에서 고약한 냄새가
나는 액체를 발사해요.

▲북방비단노린재 위험에
처하면 고약한 냄새를
내뿜어 자신을 보호해요.

◀흰담비족제비 겨울에는 꼬리 끝만
남기고 모두 흰색으로 변해요.

▼등부터 꼬리까지 흰색
줄무늬가 있는 줄무늬스컹크
줄무늬스컹크가 내뿜는
방귀 냄새는 1km 떨어진
먼 곳에서도 맡을 수 있어요.

가시복은 왜 몸을 부풀릴까요?

4장 · 독이 있고 무서운 동물

가시복은 독이 없어요. 게다가 행동도
매우 느리지요. 그래서 위험할 때도
빨리 도망가지 못해요. 느린 가시복은
적이 나타나면 물이나 공기를 많이
들이마셔서 몸을 풍선처럼 부풀리고,
몸에 잔뜩 붙어 있는 날카로운 가시를
뾰족뾰족 세워 겁을 주지요.

▲온몸에 가시가 난 가시복

마치 가시공처럼 말이에요. 뾰족뾰족한 가시복을 함부로
잡아먹을 용감한 사냥꾼은 드물답니다.

▲가시복 콧구멍은 두 눈 사이에 2개가 있어요. 눈이 크고, 주둥이는 짧아요.

▼위험할 때 몸을 부풀려 위협하는 가시복
몸을 한 번 부풀릴 때마다 굉장한 에너지가 필요해요.

바다에도 고슴도치가 살아요?

가시가 비죽배죽 돋은 고슴도치는
산속에 살아요. 바닷속에는 가시가
삐죽빼죽 솟은 성게가 살아요.
성게도 고슴도치처럼 뾰족한 가시로
몸을 보호해요. 그런데 위험하게도
성게 가시 속에 사는 동물도 있어요.
보라성게의 가시 사이에는 작은 새우가
살고, 보라성게와 분홍성게의 입 주위에는
산호게와 작은 고둥이 살아요.

▲보라성게 껍데기와 가시 모두
보라색을 띠어요.

어떤 성게는
가시를 팔처럼
이용하여 모래
속을 파고
들어가기도
해요.

▲**고슴도치** 얼굴, 몸의 배쪽, 꼬리, 다리를 빼고는 날카로운
침 모양의 털이 촘촘히 나 있어요.

▼파랑턱시도성게
몸이 공 모양으로
파란 빛깔을 띠어요.

▲ 바다의 고슴도치, 성게 온몸에 가시가 있어요.
움직일 때는 가시와 가시 사이에 있는
빨대 모양의 다리인 '관족'을 이용해요.

전갈이 왜 사막의 무법자예요?

전갈은 꼬리 끝에 무서운 독을
가지고 있어요.
모래 속에 꿈틀거리는 곤충이나
작은 동물을 독침으로 찔러
기절시킨 다음 잡아먹지요.
깜깜한 밤에 모래밭에 살짝
내려앉은 나방을 순식간에
잡아먹고요. 하지만 날아다니는 곤충에게는 손을 쓰지
못해요. 전갈은 눈이 아주 나빠서 거의 볼 수 없거든요.
대신 다리 끝에 있는 털로 모래 속 진동을 알아듣고 먹이
사냥을 해요.

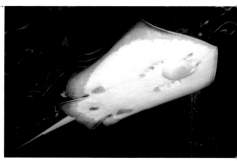

▲꼬리에 독가시가 있는 노랑가오리
얕은 바다에 살다가 겨울이 되면
깊은 바다로 이동해요.

독침
꼬리 끝에 독침이 있어요.

눈
머리가슴 가운데에 1쌍의
큰 눈이 있고 앞쪽 옆에는
작은 옆눈들이 있어요.

걷는다리
전갈은 4쌍의
걷는다리로 걸어 다니ㄷ
다리 끝에는 털이 많이
나 있어요.

집게다리
주로 1쌍의 집게다리로
먹이를 잡아먹어요.

▲전갈 몸의 구조

▼검고 거대한 황제전갈
아프리카 열대우림에
사는 세계에서 제일
큰 전갈이에요.
길이가 22cm나 되지요.
독은 그다지 강하지 않아요.

코모도왕도마뱀은 얼마나 커요?

코모도왕도마뱀은 인도네시아 코모도 섬에만 사는
도마뱀이에요. 얼마나 큰지 도마뱀보다는 악어 같아요.
사냥을 하는 모습도 얼마나 무섭다고요.
뱀처럼 혀를 날름거리며 돌아다니다 먹잇감을 발견하면
날카로운 이빨로 공격해요.
자기보다 훨씬 큰 멧돼지, 사슴, 물소도 공격해요.

▼모래왕도마뱀 코모도왕도마뱀과 함께 도마뱀 중 가장 커요.
 그중에는 4m가 넘는 것도 있어요.

▼도마뱀 중 가장 큰 코모도왕도마뱀
위협을 당하면 빨리 도망가기 위해
위 속의 음식물을 모두 토해내요.

악어의 조상이 공룡과 친구였어요?

악어는 옛날 옛날, 공룡이 살던
때부터 지구에 살았어요.
공룡이 지구에서 모조리
사라질 때도 꿋꿋하게
살아남았지요.
악어가 공룡보다 머리가 좋기 때문일까요?
악어는 먹지 않고도 오래 버틸 수 있기
때문이에요. 또 알과 새끼도 정성껏 돌보고,
추위도 잘 참을 수 있지요.

▲ 뛰어난 사냥꾼, 악어
돌처럼 가만히 있거나,
흙탕물을 끼얹고 물속에
숨어서 먹잇감을 기다려요.

그래서 다른
친구들이
지구에서 사라질
때도 끝까지
살아남았답니다.

▲ 앨리게이터과 악어
주둥이가 넓어 넓적한 모양을 하고 있어요.

▼가비알 인도에 사는 악어로 주둥이가 매우 길고
가늘며, 날카로운 이빨이 나 있어요.

▼크로커다일과 나일악어
주둥이가 가늘어 삼각형
모양을 하고 있어요.

식인상어가 정말 있나요?

흔히 백상아리를 보고 식인상어라고 해요.
거대한 몸집, 날카로운 이빨, 난폭한 성격 때문이지요.
실제로 백상아리는 잠수부나 수영하는 사람을
공격하기도 해요.
하지만 백상아리가 사람을 잡아먹고 싶어서
그런 건 아니에요.
먹이인 바다표범으로 착각해서
사람을 공격하는 거예요.

▲ 성질이 포악한 물고기, 피라니아
아마존강에 사는 피라니아는 강을 건너는
소나 양 등을 무리 지어 공격해서 뼈와 가죽만
남기고 모두 먹어치워요. 아마존강의 무법자예요.

◀무시무시한 백상아리
최대 몸길이는 6.5m정도로, 큰 먹이를 먹으면
1개월 정도는 먹지 않아도 살 수 있어요.

어린이 과학백과 시리즈
초등 교과 연계표

책 명	학년-학기	교 과	단 원
인체백과	6-2	과학	4. 우리 몸의 구조와 기능
곤충백과	3-1	과학	3. 동물의 한살이
	5-1	과학	5. 다양한 생물과 우리 생활
로봇백과	3-1	국어	2. 문단의 짜임
	3-1	과학	2. 물질의 생성
동물백과	3-1	과학	3. 동물의 한살이
	3-2	과학	2. 동물의 생활
	5-1	과학	5. 다양한 생물과 우리 생활
호기심백과	3-1	과학	5. 지구의 모습
	5-2	과학	1. 날씨와 우리 생활
바다해저백과	3-1	과학	5. 지구의 모습
	3-2	과학	2. 동물의 생활
공룡백과	3-2	과학	2. 동물의 생활
	4-1	과학	2. 지층과 화석
전통과학백과	3-1	과학	2. 물질의 생성
	3-2	사회	2. 시대마다 다른 삶의 모습
우주백과	3-1	과학	5. 지구의 모습
	5-1	과학	3. 태양계와 별
장수풍뎅이 사슴벌레백과	3-1	과학	3. 동물의 한살이
파충류백과	3-1	과학	3. 동물의 한살이
	3-2	과학	2. 동물의 생활
	5-1	과학	5. 다양한 생물과 우리 생활
벌레잡이·희귀 식물백과	4-1	과학	3. 식물의 한살이
	4-2	과학	1. 식물의 생활
세계 최고·최초백과	3-1	과학	5. 지구의 모습
	5-1	과학	3. 태양계와 별
	6-2	사회	3. 세계 여러 지역의 자연과 문화
발명백과	3-1	과학	2. 물질의 생성
	4-2	과학	3. 그림자와 거울
드론백과	3-1	과학	2. 물질의 생성
	5-2	과학	3. 물체의 빠르기
인공지능백과	4-1	과학	1. 과학자처럼 탐구해 볼까요?
	5	실과	6. 생활과 정보
	6	실과	3. 생활과 전기 전자
			4. 나의 진로
공상 과학 곤충 도감	3-1	과학	3. 동물의 한살이
	3-2	과학	4. 나의 진로